教育ジャーナル選書

個に応じた支援方法がよくわかる

改訂版 **特別支援教育**

はじめの いっぽ!

井上賞子・杉本陽子 著

小林倫代 監修
独立行政法人 国立特別支援教育総合研究所名誉所員

Gakken

今、目の前にいるこの子のために

　特別支援教育が始まる以前から、学校現場では、新しい単元を始める時には計画を立て、授業について事前の準備をして臨んでいます。しかし、授業にのれない子どもに対しては「ゆっくりと、丁寧に、繰り返し」行うことが主になっていて、子ども一人ひとり学び方の特徴をとらえていないことが多かったのではないでしょうか。例えば二人の子どもが、同じ「漢字が書けない」という姿を見せても、それぞれの「困難の背景」が違えばおのずと手立ては違ってきます。その子の「困難の背景」を踏まえた指導がなされるということは、子どもの学びやすさにつながり、学習の成立に大きくかかわってくると思います。

　とはいえ、具体的な子どもの姿を誰よりもよくわかっている担任でも、「その姿の影には、こんな困難があるのかもしれない」という視点はなかなかもちにくいという実感がありました。その一方で近年、専門機関や相談機関から子どもの困難の背景を指摘される機会が増えてきましたが、診断名や特性が指摘されるだけで具体的な対応に生かすことにつながらないことも多いのではないかと感じることもあり、困難の背景と「今、目の前にいるこの子の支援」をどう具体的につないでいくかは大きな課題だと感じていました。

　そこで、多忙感の強い学校現場でも無理なく取り組めるよう、「普段の姿から背景の予想を立てることができ」「すぐに取り組める手立てのヒントにつながり」、何より「簡易に取り組めるもの（支援策・具体的対応内容）」があれば、日常の支援の入り口として活用していくことができるのではないかと考えて、担任の気づきを支援につなげる簡易シート「はじめのいっぽ！」の開発を始めました。

　「はじめのいっぽ！」という名前にしたのは、「例えばこんなことをちょっとやってみない？」とか「こんな考え方がヒントにならない？」「こんな見方で見直してみない？」という気持ちからです。そのため、自分たちが実践したものの中から具体的な支援の場面や教材を例示しました。もちろん、この中で具体的な支援が網羅されているわけではありませんし、これだけやっていればいいというものでもありません。目の前の子どもたちへの支援の糸口を必死で探しているときに、簡易な方法で子どもの見方や支援の方法について「こんな切り口もあるよ」と提案できればいいなと思っています。

　本書では、子どもたちの日々の支援に携わっておられる先生方に「これならできそう」と感じてもらえたり、「あの子にいいかもしれない」と試してもらえたりすることで、困難の背景の視点を持った支援のイメージが持てたり、有効性を実感できたりすることを願っています。そうした「はじめのいっぽ！」を踏み出すことで、ここには載っていない、「この子のための」次の支援が生まれれば、幸いです。

2008年3月　　井上賞子　杉本陽子

改訂にあたって

　改訂版を手に取っていただき、ありがとうございます。今もこの本を開くと、小林倫代先生のご指導を受け、杉本陽子先生と出会い、「方法はある！」とわくわくしながら教材を作っていた日々が鮮明によみがえってきます。そして懐かしさだけでなく、今も「この子の『わかった！』を支えたい」という願いや、「この子はどこでつまづいて今の状態になってしまったんだろう」と困難の背景を探るところからスタートする視点は変わらないことをかみしめています。日々の子どもたちとの出会いやケースの相談は、何年たってもその繰り返しです。

　しかし、「方法の選択肢」は13年という月日の間に大きく広がってきました。あのころの「あったらいいな」に手が届く「今」なんだと思います。これからもぜひ一緒に、目の前の子どもたちの姿を見つめ、「この子のためにできること」を、本書を通じて考えていただければうれしいです。

2021年7月　井上賞子

　監修の小林先生が書かれた1章「改訂にあたって」に触れ、『不易流行』の言葉の意味を改めて考えています。どんな世界でも、変わらずに守っていくべきものと、時代に応じて変わっていくものとがあるということです。

　学校を取り巻く環境も変わり、制度、子ども、教師もいろいろな面で変化してきています。例えば
　　・支援を必要とする子どもたちへの光が、あたり前に当てられる時代になった。
　　・子どもを応援するための制度も整備されてきた。
　　・学校でも、「子ども理解」が進んでいる。
　　・一部の教師だけの支援ではなく、全ての教室で特別支援の視点が持たれるようになってきた。
などです。

　特別支援教育を「学びたい」と思う先生方が手にできる多くの本や教材も、書店やインターネットで簡単に手にすることができるようになってきています。でもそれら全てのものを、目の前の子どもに「ぴったり合った支援」としてつなげていくことは難しいのではないでしょうか。

　この本を手に取ってくださっている先生方に大事にしてほしいと願っていること、私自身も大事にしていることは、子どもへの指導・支援を考える時に、思いつきや目先の楽しさ、教師自身の興味や関心だけでなく、そこに「子どもがどこでつまずいているか？どこで困っているか？」の実態把握の大切さです。まず支援のはじめの一歩は、子どもの姿から始まります。今の流行に乗って、いろいろな応援を試してみることも、きっと子どもにとっていいことがたくさんあるはずです。でも忘れてはけないのは、その応援を始めるはじめの一歩は、子どもの姿にあるということです。

　『改訂版・はじめのいっぽ！』には、この大事な視点がちりばめられています。
　——不易流行。12年たった今でも大事にしたいこと、その思いを込めてみなさんのお手元にお届けしたいと思います。

2021年7月　杉本陽子

個に応じた支援方法がよくわかる

改訂版 特別支援教育

はじめの いっぽ！ もくじ

■ 参考文献

- 上野一彦・牟田悦子・小貫悟（2001）
  『LDの教育　学校におけるLDの判断と指導』日本文化科学社
- 上野一彦・海津亜希子・服部美佳子（2005）
  『軽度発達障害の心理アセスメント　WISC-Ⅲの上手な利用と事例』日本文化科学社
- 上野一彦・花熊曉（2006）
  『軽度発達障害の教育　LD・ADHD・高機能PDD等への特別支援』日本文化科学社
- 上野一彦・篁倫子・海津亜希子（2005）
  『LDI　LD判断のための調査票』日本文化科学社
- 海津亜希子（2000）
  「LD児の学力におけるつまずき要因の考察 —"学習領域スキル別つまずきチェックリスト"を使って—」
  『LD（学習障害）－研究と実践－』第8巻 第2号
- 海津亜希子（2007）
  『個別の指導計画作成ハンドブック　LD等，学習のつまずきへのハイクオリティーな支援』 日本文化科学社
- 久保道子・井手上秀樹・岡本香澄・吉松靖文・花熊曉（2003）
  「通常学級で実施可能な『読み・書き』検査の開発（2）」日本LD学会第12回大会発表論文集
- 玉木宗久・海津亜希子・佐藤克敏・小林倫代（2007）
  「通常学級におけるインストラクショナル・アダプテーションの実施可能性」
  『LD研究』第16巻第1号
- 独立行政法人国立特別支援教育総合研究所（2004）
  一般研究報告書「学習障害の判断に必要となる心理教育アセスメントに関する研究」
- 森田安徳・山口俊郎（1993）
  「学習障害児の読み書き検査作成の試み（1）—健常児の結果—」
  『児童青年精神医学とその近接領域』 第34巻第5号
- 文部科学省（2002）
  「通常の学級に在籍する特別な教育的支援を必要とする児童生徒に関する全国実態調査」
  調査結果、実態把握のチェックリスト
- 吉松靖文・井手上秀樹・岡本香澄・花熊曉（2002）
  「通常学級で実施可能な『読み・書き』検査の開発（1）」日本LD学会第11回大会発表論文集
- 井上賞子・杉本陽子（2006）
  「通常学級の担任の気づきを支援につなげる簡易シート『はじめの一歩』の開発」LD学会発表論文集
- 井上賞子・杉本陽子（2007）
  「通常学級の担任の気づきを支援につなげる簡易シート『はじめの一歩』の開発②～助詞
  の指導事例～」LD学会発表論文集
- 井上賞子・杉本陽子（2007）
  「通常学級の担任の気づきを支援につなげる簡易シート『はじめの一歩』の開発③～算数科における活用
  例～」LD学会発表論文集

わかってほしい、
学びにくさのある子どものこと
小林倫代

1 改訂にあたって

　この本の初版本が出版されてから、干支が一回りしました。12年たったのです。当時と比べて、世の中はずいぶん変わってきているように思います。「特別支援教育」という言葉は定着し、当時は言われていなかった「インクルーシブ教育システム」「合理的配慮」そして「ICTの活用」という言葉をよく聞くようになったのではないでしょうか。

　このような時代の流れに応じて、教材についても見直しをして、時流に合った修正をしてみよう、ということでこの改訂版を作成しました。「不易流行」という想いで、この改訂版は、原則としてこれまでの内容や体裁等は維持しつつ、追加（ICTの活用など）と提供されている情報の更新をしました。

　全国の99％の小学校で、校内支援委員会の開催や特別支援教育コーディネーターの指名が行われ、学校の支援体制は整備されてきました。では、全ての子どもが、学校での授業がわかり、学習活動に参加しているという実感や達成感をもってすごしているのでしょうか？

　配慮の必要な子どもの指導について、もう一度考えてみたいと思います。

　この章では、特別支援教育の考え方、気になる子どもについての理解、そしてその対応について、述べていきます。

※28ページ「特別支援教育に関する最近の報告・施策等」参照。

2 いまさら聞けない「特別支援教育」のこと

　以前は、障害のある子どもは特殊学級や盲・聾・養護学校で教育を受けていました。つまり障害のある子どもは、健常の子どもとは別の教育の場で、その子どもの実態に応じた、きめ細かな指導を受けてきたと言えます。ところが、平成19年の学校教育法等の一部改正により、特殊学級は特別支援学級に、盲・聾・養護学校は特別支援学校に名称が変更されました。これは、単に名称が変わったということではなく、障害のある子どもの教育制度に対する考え方が変わったと言えます。

世界では

　「ノーマライゼーション（normalization）」という言葉を聞いたことがあると思います。これは、1960年代に北欧諸国から始まり、障害のある者も障害のない者も同じように社会の一員と

して社会活動に参加し、自立して生活することのできる社会を目指すという理念です。

　また教育に関しては「サラマンカ宣言」がよく知られています。1994年に、スペインのサラマンカで開催されたユネスコの「特別なニーズ教育に関する世界会議」において、障害のある子どもを含めた万人のための学校を提唱した「サラマンカ宣言」が採択されました。これは、特別なニーズ教育に対する将来の方向性に関する世界的な合意と言われています。この宣言では、障害の有無にかかわらず個人の違いまたは困難にかかわりなくあらゆる子どもを包含できるよう教育制度を改善し、一緒に学ぶことができるインクルーシブ教育（inclusive education）の原則を表明しています。

　さらに2006年12月に国際連合総会において採択された「障害者権利条約」を、我が国は2007年に署名し、2014年に批准しました。この条約の中で教育に関しては、インクルーシブ教育システムの理念や合理的配慮の提供が示されています。このように世界で、日本でも障害者に対する差別の撤廃や権利の保障が求められています。教育において何を差別とするのかは議論があるところかもしれませんが、私たちは、子どもの教育的ニーズに対応した指導を行うことを差別とは考えていません。むしろ子どもの教育的ニーズに合わせずに、クラスという一つの集団に対して指導することの方が、平等悪ではないかと考えています。

日本では

　我が国は、上述した障害者権利条約の主旨を受けて、共生社会の形成に向けた取り組みを行っています。共生社会とは、多様な人々がそれぞれに尊重し合い、互いに認め合える全員参加型の社会のことです。この共生社会の形成に向けて学校教育ではインクルーシブ教育システムを構築していくことにしています。インクルーシブ教育システム（inclusive education system）とは、障害のある子どもと障害のない子どもが共に学ぶ仕組みであり、それぞれの子どもの多様性を尊重し、障害のある子どもたちがその能力を最大限伸ばして社会に参加することができるようにすることを目的としています。

　障害のある子どもとない子どもが共に学ぶ教育と、障害のある子どもがその能力を最大限伸ばしていく教育の両方を同時に成立させることは、難しい課題だと思われます。そこで、「連続した多様な学びの場」を用意し、多様で柔軟な仕組み（システム）を整備していこうと考えているのです。学校における通常の学級、通級による指導、特別支援学級、そして特別支援学校は、子どもにとって「多様な学びの場」であり、それぞれの場が（行き来しやすいような）連続性を持

ち、それぞれの場で子ども一人ひとりの教育的ニーズに応じ、子どもの能力を伸ばしていこうと考えています。

さらに、障害のある子どもが他の子どもと同じように教育を受けるためには、子どもの障害の状態や教育的ニーズに応じて個別に対応される合理的配慮が必要になります。この合理的配慮は、保護者や本人と相談しながら決めていくことになります。

特別支援教育とは

「特別支援教育」とは、「障害のある幼児児童生徒の自立や社会参加に向けた主体的な取組を支援するという視点に立ち、幼児児童生徒一人ひとりの教育的ニーズを把握し、その持てる力を高め、生活や学習上の困難を改善又は克服するため、適切な指導及び必要な支援を行うものである。」と定義しています。

この定義の後半部分、つまり、子どもたち一人ひとりの教育的ニーズを把握し、その持てる力を高めるように指導や支援を行う、ということは、「教育」本来の目的を述べているように感じられます。もう少し言うと、通常の学級においても本来の教育の視点を再確認しようということになります。障害があるなしにかかわらず、どんな子どもにも学習上の得意な部分と不得意な部分があります。子どもたちを集団としてひとくくりにして対応するのではなく、個々の子どもの特性を知って、その対応を考えていくことが求められているのです。

特別支援教育の考え方

小学校では、子どもを担任「一人で抱える」のではなく、「チームで支える」ように変わってきています。子どもの課題について関係者が集まって、子どもの実態を把握し、支援方策を担任とともに考える、という校内支援委員会での検討がなされるようになってきました。教師同士で、学校全体で、子どもの対応を考えてみても難しい場合には、例えば、特別支援学校のセンター的

機能を活用したり、巡回相談を依頼したりするなどの外部資源を活用することになります。これは、障害のある子どもの指導・支援を学校だけで対応するのではなく、さまざまな関係機関との連携をはかりつつ社会全体で指導・支援をしていこうという考え方です。このような考え方は、地域と連携した学校づくりを進めるためにも重要であり、地域における支援体制を整えることにつながっていくことになります。また、保護者との連携も忘れてはいけません。

保護者も子どもを支援する立場になりえます。このように子どもを取り巻く人や機関がそれぞれに連携しながら子どもを支援していくことが特別支援教育では大切になります。

　通常の学級にはさまざまな教育的ニーズのある子どもたちが在籍しています。これらの子どもたちの指導・支援についても、特別支援教育の考え方で対応することは有効だと思います。このように特別支援教育は、障害のある子どもたちへの教育にとどまらず、多様な個人が能力を発揮しつつ、自立して社会に参加し、支え合う「共生社会」の形成の基礎となるものであり、インクルーシブ教育システム構築のために必要不可欠なものなのです。

3 うまくやれない、やり方がわからない… 子ども、そして教師も

　これまで特別支援教育の背景や仕組みについて述べてきました。このような経緯はともかくとして、実際にクラスには、次のような様子を示す気になる子どもが何人かいませんか？

●友達とトラブルを起こすことが多い
●図工の製作がなかなか完成できない
●漢字が書けない
●指示がうまく伝わらない
●落ち着きがない

　先生方はこれらの子どもたちをどのように思い、そしてどのように対応しているのでしょうか？

　「いくら注意してもわからない」「わがまま」「練習不足」「努力が足りない」「集中力が欠けている」などと思っているのではありませんか？　そして、「もっと、がんばりましょう」「ちゃんとやれば、できるんだから」と子どもを励ましていませんか？

　励まされて、努力して、うまくいく子どもは、よいのですが、中には、努力してもなかなかうまくいかない子どももいます。そんな子どもたちは、「どうせ僕は、ダメなんだ」「いくらがんばっても、うまくいかないんだ」「やろうと思うんだけど、できないんだ」というような思いを持っています。このような子どもたちの気持ちと、先生方の思いとのギャップが大きくなればなるほど、子どもと先生との心理的距離が広がり、子どもとのかかわりはうまくいかなくなり、関係は悪循環に陥ってしまいます。この悪循環に陥らないようにするには、子どもの実態の把握とその背景を考え、対応を慎重に行わなければなりません。

あるいは先生方の中には、これまで積み重ねてきた経験と英知をすべて引き出して、子どもと対応しているにもかかわらず、どうしても子どもとうまくいかない、何だかぴたっとこない、と感じている先生がいるのではありませんか？「一生懸命に話すのだけれども、どうしても子どもに伝わらない」「子どもがわかってくれない」…ということは、自分の対応が至らないのではないか、とご自分を責めていませんか？ 自分を責めることはありません。このような状況は、先生のこれまでの経験を否定するものではなく、子どもの理解と状況について、これまでとは違った視点で対応を考えることが求められているのだと考えてください。先生のこれまでの経験は、決して無駄にはなりません。これまでの先生の経験を生かした、先生独自の支援が、必ず見出せることにつながると信じて実践をしてほしいと思います。

4 気になる子どもの理解

　通常の学級には、学習障害（LD）、注意欠陥多動性障害（ADHD）、自閉スペクトラム障害（ASD）等の子どもたちが在籍していることが明らかになってきました。これらの子どもたちに大きな知的障害はありません。また、このような障害の診断がされていない子どもであっても、このような障害の傾向を持っていることがあります。文部科学省が2012年に実施した調査では、知的発達に遅れはないものの学習面か行動面で著しい困難を示す子どもは、担任の判断では、6.5％いるという調査結果が示されています。まずは、これらの障害の特徴を理解しておくことが大切です。

発達障害

　「発達障害者支援法」（2016年改正）では、「『発達障害』とは、自閉症、アスペルガー症候群その他の広汎性発達障害、学習障害、注意欠陥多動性障害その他これに類する脳機能の障害であってその症状が通常低年齢において発現するもの」と定義されています。この法律の基本理念として、「発達障害者の支援は、社会的障壁の除去に資することを旨として行われなければならない」とされています。つまり、発達障害のある人たちが、日常生活や社会生活を送る上で、障壁となるものを取り除くという、いわゆる環境調整を行いましょうと、示しているのです。学校生活でも同様の考え方で子どもにとってのわかりやすい環境を整備していくことが大切です。

　この本では「学習障害（LD）、注意欠陥多動性障害（ADHD）、自閉スペクトラム障害（ASD）」を中心に考えていきたいと思います。

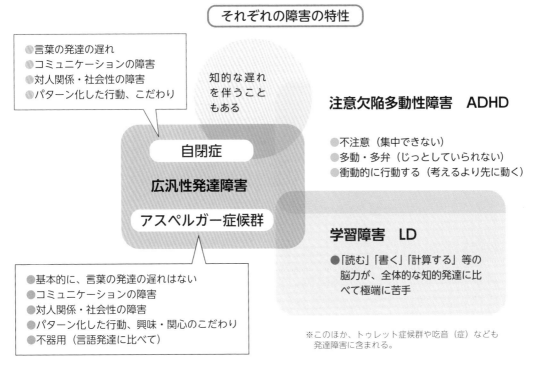

それぞれの障害の特性

●言葉の発達の遅れ
●コミュニケーションの障害
●対人関係・社会性の障害
●パターン化した行動、こだわり

知的な遅れ
を伴うこと
もある

注意欠陥多動性障害　ADHD

●不注意（集中できない）
●多動・多弁（じっとしていられない）
●衝動的に行動する（考えるより先に動く）

自閉症
広汎性発達障害
アスペルガー症候群

学習障害　LD

●「読む」「書く」「計算する」等の
　脳力が、全体的な知的発達に比
　べて極端に苦手

●基本的に、言葉の発達の遅れはない
●コミュニケーションの障害
●対人関係・社会性の障害
●パターン化した行動、興味・関心のこだわり
●不器用（言語発達に比べて）

※このほか、トゥレット症候群や吃音（症）なども
　発達障害に含まれる。

図1　「発達障害とは」発達障害情報・支援センターより

　さて、発達障害は、その示す状態像がさまざまだということが特徴としてあげられています。同じ診断名であっても、子どもの年齢や発達の状況、これまでの育ちや環境によって子どもが示す様子は異なります。さらに、その子どもの個性やパーソナリティも関係がありますので、障害名を聞いて、子どもの状態がわかったと思うことなく、子ども一人ひとりを理解していくことが大切です。

　例えば、ADHDと診断されていても、その子どもの様子は、周りのことが気になって勉強に集中できないことや、忘れ物が多いというような不注意さが目立つ子どももいれば、ソワソワして座って話を聞いていられないという多動性が目立つ子どももいます。また、人の話を突然さえぎって話をはじめたり、事前に考えて計画的に活動できなかったりする衝動性の強い子どももいます。このように障害名がわかったからといって、子どもの状態がわかったことにはなりません。

　また、発達障害の診断が医者によって異なったり、複数の診断名がついたりすることもあります。例えば、知的な遅れはなく、よく喋るし、むしろ難しい言葉も知っている。しかし、どことなく会話がかみ合わないという子どもがいます。この子どもは、アスペルガー障害と診断されることもありますし、広汎性発達障害と診断されることもあります。このように専門機関や病院によって、診断が異なることがあります。私たちは、診断名に振り回されることなく、子どもの実態から、対応を考えていくことが重要になります。

さらに、周囲からは障害があるとは思われにくく、子どもが抱えている困難さを周囲が理解して対応しきれていないために、本来抱えている困難さとは別の情緒面や行動面に二次的な問題が出てしまうことがあります。例えば、学習がよくわからなくなって、あるいは、友人関係がうまくいかなくなって不登校になってしまうような例です。このように、周囲の理解不足による誤った対応と、そこから派生する二次的な問題が生じることも発達障害のある子どもには起こりやすいと言われています。

発達障害であると気づかれにくいために…本人が困っていること

　「いくらがんばっても、うまくいかないんだ」
　「やろうと思うんだけど、できないんだ」
　「どうして、僕は、みんなと同じように　できないんだろう」
　「どうやったらいいか、わからないんだ」
　発達障害であると気づかれにくいために、本人が適切な配慮や対応が受けられないままの状態でいることがあります。周囲からの理解や対応が適切ではないために、友達に非難されたり、親や教師に怒られたりするというような失敗体験を繰り返すことが多くなります。こうしていくうちに、次第に自分は「ダメな子」「できない子」という思いが強くなり、「何をやってもうまくいかない」という思いやストレスが強くなってきます。最終的には、何に対してもやる気がわいてこなくなったり、自分に対して否定的になったりして、自尊感情や自己評価が低下してしまいます。

　また、わがままであるとか、しつけができてない、努力が足りないなど誤解されやすく、本人も家族もともに傷ついてしまうことがあります。
　障害の特性を理解した上で、子どもの実態を把握し、その対応を考えていくことが大切です。

学習障害（LD）の理解と対応

　学習障害はLDと略されますが、教育分野では、Learning Disabilities、医学分野の診断カテゴリーとしてはLearning Disorderです。略せば同じLDですが、意味する概念や定義は異なっています。
　文部科学省では学習障害（Learning Disabilities）を以下のように定義しています。

> 　基本的には全般的な知的発達に遅れはないが、聞く、話す、読む、書く、計算する又は推論する能力のうち特定のものの習得と使用に著しい困難を示す様々な状態を指すものである。
> 　学習障害は、その原因として、中枢神経系に何らかの機能障害があると推定されるが、視覚障害、聴覚障害、知的障害、情緒障害などの障害や、環境的な要因が直接の原因となるものではない。

　また、世界保健機関（WHO）が作成した『ICD-11』（『国際疾病分類』第11版)の改訂予定では、「神経発達症群」の分類の中に、「発達性学習症」があり、「読字不全を伴う」「書字表出不全を伴う」「算数不全を伴う」「他の特定される学習不全を伴う」「特定不能」などの分類が示されています。

　アメリカ精神医学会が作成した『DSM-5』（『精神疾患の診断・統計マニュアル』第5版）では、局限性学習症/限局性学習障害（Specific Learning Disorder）として、読字や意味理解の困難さ、書字表出の困難さ、数字の概念や計算の習得の困難さなどが示されています。

　文部科学省が示した定義では、聞いたり話したりする力など学習面での幅広い能力の障害が含まれており、医学の領域では、「読み」「書き」「計算能力などの算数」の障害という限定的な能力の障害を示しています。このように医学的な学習障害の診断基準と文部科学省が示している学習障害の定義には、違いがありますが、特別支援教育における学習障害（LD）は、文部科学省が定義している教育的概念でとらえていきます。つまり、知的発達の遅れがないにもかかわらず、基礎的な学習能力のうち特定のものの習得と使用に困難がある子どもです。基礎的な学習能力のつまずきの状態には、次のような様子が見られます。

聞く　・正確に音を聞き取ることが苦手で、聞きもらしがある
　　　　・新しい言葉を覚えるのが苦手
　　　　・指示の理解が難しい

話す　・正確に復唱するのが苦手
　　　　・言葉の意味や文法を間違えて使う
　　　　・筋道を立てて話すことが苦手

読む　・文字をぬかしたり、余分な文字を加えたりして読む
　　　　・行をとばして読む
　　　　・音読ができても内容が理解できない

書く　・見たり、聞いたりしながら書くのが苦手
　　　　・鏡文字になったり、文字の形が整わなかったりする

・マス目や罫線の中におさまるように書けない

計算する　・大小の判断が難しい

・繰り上がり、繰り下がりの計算が苦手

・九九が覚えられない

推論する　・単位を理解することが難しい

・時間、位置、空間を表す言葉の理解が難しい

・因果関係の理解が難しい

■教科学習のつまずき

　基礎的な学習能力のうち特定のものの習得と使用に困難がある子どもの状態像は、様々です。読むことはできても書くことが苦手な子ども、話を聞いてその内容を理解することはできても読んで理解することは難しい子ども、読むこと書くことの両方が苦手な子ども、などです。例えば、読むことはできても書くことが苦手な子どもの場合、目からの情報は受け取れているのに、書くという運動による表出に課題があると考えられます。書く行為を考えてみると、文字や文字の構造を想起することから、想起した文字を適切な筆圧でバランスよく書くことまで、様々な過程があります。この過程のどこで、つまずいているのかを推測することが大切です。

　読む、書くなどが困難な状態と聞くと「国語」の学習に、計算する、推論するなどが困難な状態と聞くと「算数」の学習に難しさがあると思われるかもしれません。しかし、その教科だけの学習に難しさがあるとは限りません。例えば、計算することに困難のある子どもは、算数に限らず理科や技術家庭科など計算を必要とするすべての教科での学習が難しくなります。

　聞くことに困難があると、指示の理解が難しく、体育や理科の実験の指示を理解することも難しくなります。先生の話や友達の意見を聞き、話し合いをしながら学習を進める時には、聞く、話すなどが困難な状態であれば、どの教科学習においてもつまずきが生じることは想像に難くないと思います。

■つまずきの背景を探る

　知的発達に遅れがないにもかかわらず、そして本人はまじめに学習に取り組んでいるのにもかかわらず、学習障害のある子どもは、周囲の子どもと同じような学び方では期待される学習成果を上げることができないことになります。「漢字が書けない」という子どもの状態に対して、漢字練習をたくさんすることが漢字の習得につながるとは限りません。視覚からの情報が受け取りやすいのか、聴覚からの情報が受け取りやすいのか、どのような方略で覚えていくことがその子どもにとってやりやすいのかを考えていくことが必要です。同じように「九九が覚えられない」子

どもに対して、繰り返し唱えさせることが九九の習得にはつながらないこともあります。このような手立ては、子どもの課題を解決しないばかりか逆に、無力感を重ねてしまったり、努力不足と責められてしまったりすることにもなりかねません。子どもの示す困難の中には、「がんばる」ことだけでは、補うことが難しいことがあります。このような状況が続くと「いくらがんばっても自分は勉強ができない」と、子ども自身が自己不全感をもち、学習そのものへの意欲を失ってしまう危険性もあります。子どもにこのような気持ちを抱かせないためにも、困難の背景を探ることは大切です。

　LDの原因は、定義に示されているように中枢神経系に何らかの機能障害があるとされているため、認知面（受け取った様々な情報を処理して反応を表出する過程）で何らかのつまずきが生じていると考えられます。そして、これは医学的に治すことはできないので、その子どもの認知特性や学習の仕方（学習スタイル）を考慮して学習方法を工夫したり、指導したりすることが大切です。子どもの認知面の把握は、心理検査でもできますが、本書のチェックリストをチェックすることでも「困難の背景の予想」ができますので、活用してください。

■ICT機器を活用して

　この改訂版で追加されたICTの活用は、学習障害のある子どもたちにとっても、学び方が広がることになります。例えば、教科書を読むことに時間がかかり、その結果として文章の内容を読み取れない子どもが、電子化された教科書の文章を、ICT機器を通して聞くことにより、その内容が理解できるようになる、ということです。これは、読むことの困難さを取り除くことで、みんなと同じような学習に取り組むことができるようになることを示しています。

　このようにICTを活用するには、子どもに、何を学ばせるのか、その目的達成に向けて、子どもにはどんな困難があるのか、その困難を取り除くにはどんな方法があるのか、を丁寧に確認していくことが必要だと思います。ICT機器が便利そうだからとか、子ども受けしそうだから、ということで、ICT機器を導入することは慎むべきことだと思います。目的（何を学ばせるために必要なのか）を明確にして、学習面や生活面での困難さを的確に捉え、活用することが大切です。特に、通常の学級での導入にあたっては、学級の子どもたちへの説明をはじめ、校内での共通理解を行っていくことも大切です。

注意欠陥多動性障害（ADHD）の理解と対応 ＊「注意欠如多動症」と言われることもあります。

注意欠陥多動性障害（ADHD：Attention Deficit Hyperactivity Disorder）について、文部科学省では以下のように示しています。

> 年齢あるいは発達に不釣り合いな注意力、及び/又は衝動性、多動性を特徴とする行動の障害で、社会的な活動や学業の機能に支障をきたすものである。また、7歳以前に現れ、その状態が継続し、中枢神経系に何らかの要因による機能不全があると推定される。

注意欠陥多動性障害（ADHD）の子どもには、次のような様子が見られます。

不注意 気が散りやすく、注意を集中させ続けることが困難であったり、必要な事柄を忘れやすかったりする。

衝動性 話を最後まで聞いて答えることや順番を守ったりすることが困難であったり、思いつくままに行動して他者の行動を妨げてしまったりする。

多動性 じっとしていることが苦手で、過度に手足を動かしたり、話したりすることから、落ち着いて活動や課題に取り組むことが困難である。

　注意欠陥多動性障害の子どもは、上記3つのどれか一つの様子を示すこともあれば、この3つの状態が交じり合った様子を示すこともあります。そして、この様子は、子どもの成長や環境との相互作用の中で変化するといわれています。例えば、低学年では動き回っていた子どもが高学年になると座っていられるようになる子どももいますが、手にしている鉛筆を常に回しているようなことがあります。大きな動きは減っても身体のどこかを動かしている状態を示すというように、子どもの成長に伴って動きが小さくなることもあります。また、1年生の時には目立たなかった子どもが2年生になって担任や教室が変わったとたん、動き回るようになったというように環境の変化で子どもの状態が変わることもあります。

　そこで、周囲の刺激の調節、集中時間への配慮、指示の出し方の工夫、見通しを持たせるなど、子ども一人ひとりの状態に合わせた対応を適切に実施することで、行動は改善していくと言われています。

　「周囲の刺激の調節」の具体的なこととしては、
　●座席の配置では、教師のそばにしたり、落ち着いた子どもの間にしたりするなど、刺激の多い席（例えば窓際）を避ける

◎黒板周辺の掲示物は、必要最低限にする

◎机の上には、授業で使うもの以外は出しておかないようにさせる

◎プリントや教材を整理するための箱やかごを用意する

などが考えられます。

「集中時間への配慮」の具体的なこととしては、

◎作業や課題は、一度に達成することが可能な量になるように、小さなまとまりに分ける

◎問題や宿題の量を子どもに合わせて調節（少なく）する

◎活動にメリハリをつけて（例えば、途中で体を動かす活動を入れたり、黒板消しやプリント配りの役割を与えたり）授業を構成する

などが考えられます。

「指示の出し方の工夫」の具体的なこととしては、

◎1回の指示は、ひとつの内容にする

◎具体的に指示する

◎全体に向けて指示した後で、子どもの名前を入れ「○○さんも〜ですよ」と伝える

◎忘れ物の多い子どもには、メモを取るようにさせ、メモをなくさないように置き場所を決めて確認する

などが考えられます。

「見通しを持たせる」の具体的なこととしては、

◎1日の流れ、課題の分量などを前もって示す

◎課題解決の手順、作業の終了、約束事、必要なものなどについて、文字や絵などでリストを作成し、随時確認できたり、振り返ったりすることができるようにする

◎課題のどこから始めるのか、どこまで終わったのかをわかりやすくするために、付箋をつけたり、シールを貼ったりするなどの目印をつける

などが考えられます。

　上記以外にも、当たり前のことであっても適切な行動（いすに座っている、大声を出さない）ができていたらほめるようにし、子どもが意欲的に取り組める教材や題材を活用するなどのことが考えられます。

　このような工夫は、学級担任だけが行っていても、効果がありません。子どもが日常生活の中で、周囲の人からの理解が得られずに不適切な対応を受け続けると、自己評価や自尊感情が低下し、二次的な問題につながっていきます。このような二次的な問題への適切な対応が遅れると、その後の困難がさらに大きなものとなってしまう場合があります。できる限り早い時期からの適切な対応が大切です。

注意欠陥多動性障害は、定義にも示されている
ように、生まれつき脳に何らかの機能不全がある
とされています。これまでの研究では、脳内の神
経伝達物質のうち、ドパミンとノルアドレナリン
の働きが低下していることがわかってきており、
脳神経に影響を与える薬が注意欠陥多動性障害の
症状を抑える効果があるとされています。薬を飲
む場合には、主治医が家庭や学校での様子を把握
して、薬の量を調整していくことになります。そ

のため薬の効用を正しく理解し、家庭や主治医との連携が不可欠なものとなります。薬だけで注
意欠陥多動性障害を治すことはできません。症状が抑えられているときに自分をコントロールす
る方法を探したり、周囲の環境を整えたりすることで、適切な行動が身につくよう指導していく
ことが大切です。

 ## 自閉スペクトラム障害（ASD）の理解と対応

　現在、自閉症の呼び方、定義などがいくつか示されています。自閉症スペクトラム障害、
自閉スペクトラム症などが最近ではよく言われています。自閉スペクトラム障害（Autistic
Spectrum Disorder）は、その頭文字をとってASDと略されます。スペクトラムとは、連続体
という意味で、自閉症の特性はその程度に軽重はあっても同じ要素があるという考え方から、ス
ペクトラムという用語が用いられています。

　発達障害者支援法で示されている「自閉症、アスペルガー症候群その他の広汎性発達障害」
は、自閉症の障害特性群（仲間）として、自閉症スペクトラム障害あるいは自閉スペクトラム症
（ASD）で括られると考えられます。また、教育現場では高機能自閉症という用語も使われるこ
とがあります。これは、知的発達の遅れを伴わない自閉症に対する名称として使用されています。

　文部科学省では、自閉症について以下のように定義しています。

　自閉症とは、3歳位までに現れ、他人との社会的関係の形成の困難さ、言葉の発達の遅
れ、興味や関心が狭く特定のものにこだわることを特徴とする行動の障害であり、中枢神経
系に何らかの要因による機能不全があると推定される。

　自閉症についてはさまざまな呼び方があるので、ここでは、ASDとして記述することにしま
す。ASDの子どもには、次のような特性が見られます。

社会的相互交渉における障害	その場の状況や相手の表情などから言外に含まれる意図や気持ちを理解することが難しいため、結果的に適切な対人関係を形成することが難しい。
言語を中心としたコミュニケーションの障害	幼児期に、言葉の発達に遅れがあり、話すときの抑揚が異なっていたり、「おうむ返し」が多かったり、会話をしてもかみ合わないことなどがある。
行動や興味関心が限定的で反復的な様式	特定のものごとやルール（服、道順、物の位置など）に強いこだわりを示し、いつもと違うことをするとひどく怒り、生活に支障をきたす。

　この3つの特性は、文部科学省の定義にも記されています。アメリカ精神医学会が作成した『DSM-5』では「社会的コミュニケーション及び相互交渉の障害」「行動や興味、活動など限局・反復的な様式」と2領域にまとめた判断基準を示しています。

　これらの特性のほかにもASDの子どもには、「シングルフォーカス」や「感覚の過敏性・鈍麻性」などがあります。「シングルフォーカス」は、物や事象を多面的に見たり考えたりすることが難しい特性です。また、「感覚の過敏性・鈍麻性」は、視覚や聴覚、味覚や嗅覚、触覚といった感覚が過度に過敏だったり、ある感覚刺激が非常に鈍かったりする状態をさしています。いずれも日常生活を送る上での困難が生じます。

　知的発達に遅れのないASDの子どもの多くは、他人の気持ちを推察することや相手の立場に立って物事を考えることが苦手です。太っている友達に対して、その友達の気持ちを考えずに「太っているね」と言ってしまうことがあります。また、自分の言動がもとで相手の感情を害してしまい、その言動を注意されたことに対して「自分をいじめている」と被害者的な受けとめをしてしまう場合もあります。このような対人的相互作用などの社会性に課題があることを理解しておくことが大切です。

　また、言葉の意味や内容を理解したり、使用したりすることが微妙にずれている面もあります。比喩を使った表現や冗談を理解することが難しく、言葉の裏の意味をとらえることやあいまいな質問の意味をくみ取ることが苦手です。

　一方、自分の興味や関心があることについては、とても専門的で驚くほどの記憶力を発揮する場合もあります。こだわりとも受けとめられますが、このような得意な面を周囲が理解し、認めていくことが

大切です。

　知的発達の遅れのないこのような子どもたちは、集団生活を営むなかで「生活のしにくさ」を感じています。漢字を正しく覚えられたり、計算が速かったりする一方で、急な予定変更に対応できなかったり、集団行動がとれなかったりして、「できるのにやらない」「わがままで自分勝手」「協調性がない」と受け止められてしまいます。

　周囲の刺激の調整、集中時間への配慮、指示の出し方の工夫、見通しを持たせるなど、注意欠陥多動性障害（ADHD）で述べたことに加えて、対人面やコミュニケーション面、感覚の特異性への配慮や対応が重要になってきます。

　「対人面やコミュニケーション面」での具体的なこととしては、
　　● 守るべきルールや約束事のいくつかを子どもと相談して決める
　　● 視覚的な手がかり、あるいは具体物を使って伝える（教える）
　　● 落ち着いて学習したり、混乱したりしたときに落ち着ける空間を準備する
　　● 予定を変更する場合は、直前に知らせるのではなく、事前に伝え、変更後の予定を視覚的に確認できるように明示する
　　● 混乱したときにどうしたらよいのかを伝える（困ったときには、周囲に助けを求める、カッとしたときはその場を離れるなど）
　　● 注目を引くために起こしている不適切な行動（大声を出す、席を離れるなど）については反応しない
　　● 言葉の意味や状況に応じた使い方を教える
　　● 共通の話題のある友だちを探す支援をする
などが考えられます。
　「感覚の特異性への配慮や対応」での具体的なこととしては、
　　● 混乱を引き起こす原因やもの（ざわざわした雰囲気、大きな音や声など）を可能な限り取り除く
　　● 感覚の特異性は、生まれつきなので、理解して、無理強いをしない
などが考えられます。

子どもの様子を見つめ直す

　これまでのことを踏まえて、「話が聞けない子ども」の対応について考えてみます。先生方は、子どもが話を聞いていないという状況が度重なり、このような子どもの様子に気がつくと思います。授業での「話が聞けない」というような大きなくくりではなく、どんな状況でどういう指示

に対応できないのか、を見ていくことが大切です。

　さらに、子どもと接しながら、「1対1ならわかる」のか、「1対1でも、指示している内容を理解できない」のか、「他に注意が向いている（集中していない）ために指示に従えない」のか、「眠そうにぼんやりしている」のか、などの様子を観察することも必要です。

　「1対1でも、指示している内容を理解できない」としたら、その要因は何であるかを考えることになります。「言葉だけで指示しているからわからない」のであれば、聴覚認知に弱さがあると考えられ、その対応としては、指示を黒板に書いて視覚的な側面からも手がかりを与え指示内容を理解させるようにします。「指示している内容そのものを理解できていない」とすれば、実物を示したり実際の動作を演示したりして、言葉と指示内容とを結びつけるようにします。聞いていることは理解できているけれども、時間がたつと「忘れてしまう」のであれば、メモを取るようにするなど、視覚的な手がかりを残すように促します。

　このようにある一つの場面での対応を考えても、その子どもが困難になる状況（子どもの立場に立てば「先生の指示がわからない」で困っている状況）の背景が異なると、対応のしかたも変わってきます。つまり、子どもの困難の背景を考えることで、その子どもの効果的な支援や対応のしかたを見出していくことができるのです。

　もう一度整理すると、

①子どもが何に困っているのかを把握する
②困難の背景（要因）を考える
③困難の背景から対応の方策を考える

　という手順で子どもへの対応のしかたを考えることになります。おそらく先生方は、①はすぐにわかるのだろうと思います。しかし、②や③になると、自信がない、どうしたらよいかわからない、教材の準備に時間がない……等々、の不安が頭の中をよぎるのではないでしょうか？　そのような先生方のために、本書及びCD-ROM「はじめのいっぽ！」があります。

5 「はじめのいっぽ！」とは

　通常の学級を担任している先生方にとっては、子どもが何に困っているのかを把握することは容易にできても、その先の困っている背景やその対応策について、考えたり、教材を工夫したりすることに難しさを感じていることが多いのではないかと思います。また、一生懸命に対応しているのだけれど、どうもうまくいっていないと感じている先生も少なくないのではないでしょう

か。そのような先生方の参考になるように、「はじめのいっぽ！」は作成されました。

　「はじめのいっぽ！」は、学校現場で実践している先生方が中心になって作成し、構築したものですので、ある特定の理論に裏づけられて作成したものではありません。しかし、これまで述べてきたような、子どもの日常の姿から困難の背景の予想を立てることができ、すぐに取り組める手立てのヒントがあり、容易に取り組める支援策や具体的対応内容が示されているので、現場に即した有用なものであると思います。

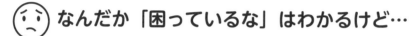

「はじめのいっぱ！」のシステムを使っての気づきから支援の具体化までの流れ

なんだか「困っているな」はわかるけど…

 日常に示す姿をチェック
該当すると思うところにチェックを入れる

うん、こんなこと
あるある。

 二つのグラフに自動集計
「困難を示す場面」別のグラフ・「困難の背景の予想」別のグラフ

こんな特徴があったのか。
だったらどうしたらいいのかな。

 支援シートの選択
②の結果から、必要と思われる支援シートを選ぶ

いろいろな方法があるな。
でも、言葉だけでは
よくわからない。

 アイデアシートの具体例を見ながら
「できそうなこと」「してみたいこと」を選ぶ

これならやれそうだな。
やってみたいな。
あの子もきっと喜ぶぞ。

よし、
やってみよう！

※システムの詳しい説明は、本書3章 P68〜をご覧ください。

日常の子どもの示す姿をチェックするところから始まります

　まずはじめに、日常の子どもの姿を思い浮かべ、示されている項目のうち、該当すると思われるものにチェックをするという作業をします。

　この項目は、教室内でみられる具体的な姿が書かれていますが、「聞く」「話す」「読む」「書く」「算数」「推論する」「（人間・友人）関係」「自己コントロール」「不注意」「運動」「過敏さ」という11の場面で97の項目が示されています。97項目もあると大変だと思われがちですが、項目を読んで、該当の項目にチェックするだけなので、案外短時間で行うことができます。

　さらに、この項目をチェックする過程で、子どもの様子をより細かく観察する視点に気がつくでしょう。

 ## チェックをすると自動集計して二つのグラフが作成されます

　一つ目のグラフは、「聞く」「話す」「読む」「書く」「算数」「推論する」「（人間・友人）関係」「自己コントロール」「不注意」「運動」「過敏さ」という11の場面からみた子どもの困難さの程度が明らかになります。具体的には、2章の支援例を参考にしてください。

　もう一つのグラフが、困難の背景を予想するものです。「目からの情報処理の困難」「耳からの情報処理の困難」「衝動性の困難」「推し量ることの困難」「動きの困難」「感覚の困難」という6つの困難の背景を予想して示しているグラフです。

　「目からの情報処理の困難」は、視覚から得る情報を処理することにつまずきのある場合です。
- 距離や位置、自分の身体のイメージなどの空間関係の把握が難しい
- 形を正確にとらえたり、記憶したりすることが難しい
- たくさんの情報の中から、注目する場所を選び取ることが難しい
- 視覚的な情報に合わせて、指先や身体を動かすことが難しい

などのことが考えられます。

　「耳からの情報処理の困難」は、聴覚から得る情報を処理することにつまずきのある場合です。
- 必要な情報を集中して聞けない
- 聞いた情報をイメージしていくことが難しい
- 聞いた情報を しばらくの間、覚えておくことが苦手である

◎ 音の聞き分けがうまくできない

などのことが考えられます。

「衝動性の困難」は、おもに行動面での課題としてあらわれます。

◎ いろいろな情報から刺激を受けやすい

◎ 集中の持続が難しい

◎ 見通しが持ちにくい

◎ 欲求や感情をコントロールすることが難しい

◎ 状況を把握することが苦手である

などのことが考えられます。

「推し量ることの困難」は、情報処理過程の統合につまずきがある場合です。

◎ ことばから情景をイメージしていくことが難しい

◎ 「自分だったら」「このときだったら」と置き換えて考えにくい

◎ 「こうしたらどうなるか」の見通しが持ちにくい

◎ 周囲の人々の人間関係や状況、雰囲気がわかりにくい

などのことが考えられます。

「動きの困難」は、運動・動作の面だけでなく、視覚的処理との関係もあります。

◎ 自分の身体のイメージがもてない

◎ 指先や身体を思うように動かせない

◎ 二つの動きが同時にできない

◎ 力の入れ加減がわからない

などのことが考えられます。

「感覚の困難」は、周囲の環境や情報を受け取る時の入力につまずきがある場合です。

◎ 特定の感覚が過敏になっている

◎ 過敏な感覚から入ってきた情報が処理できない

などのことが考えられます。

「はじめのいっぽ！」では、子どもが日常で示す行動を、上記の6つの困難の背景から予想します。
それぞれの困難さに対する支援例は、2章を参考にしてください。

「アイデアシート」の選択と教材教具の具体例を参考に

困難の背景の予想グラフをみて、子どもに必要だと思うアイデアシートを選択します。6つの
困難の背景に対応した手立てのヒントが示されていますし、教材教具についての例もあります。
どれを実践するかは、先生方が選択してください。

6 おわりに

　まじめな先生は、アイデアシートに示されている通りに実践するかもしれません。それは、それでよいのですが、子どもたちに得意、不得意があるように、先生方にも得意、不得意があると思います。アイデアシートそのものを活用することもよいのですが、アイデアシートを参考にして、先生方独自の対応を考えていただけたら、すばらしいと思います。

　最後に心がけておいていただきたいことは、実践の方向性を決めたら、少なくとも1か月程度は、実践を続けてみてください。子どもの行動は、すぐには変わりません。子どもの年齢が上がれば上がるほど、行動の変容には、時間がかかります。ある程度の期間を決めて実践し、もし、それがうまく展開しなかった場合は、もう一度、子どもの実態把握をし直してください。あるいは、子どもにかかわる関係職員と話し合ってください。決して、先生が一人で考え込まずに、子どものことを校内で話題にしてください。周囲の職員に助けを求めることは、恥ずかしいことではありません。英知を集めて学びにくさのある子どもを支援していきましょう。

■ 特別支援教育に関する最近の報告・施策等

- 中教審「共生社会の形成に向けたインクルーシブ教育システムの構築のための特別支援教育の推進」（報告）2012年7月
- 就学制度改正（H25年8月 学校教育法施行令改正）2013年9月
- 障害者権利条約批准 2014年1月
- 障害者差別解消法施行（H25年6月制定）2016年6月
- 改正発達障害者支援法施行（H28年6月公布）2016年8月
- 特別支援学校幼稚部教育要領、小学部・中学部 学習指導要領公示 2017年4月
- 通級による指導に係わる教員定数の基礎定数化（H29年3月 義務標準法改正）2017年4月
- 高等学校等における通級による指導の制度化（H28年12月 学校教育法施行規則等改正）2018年4月
- 「個別の教育支援計画」を作成することについて省令に規定（H28年12月 学校教育法施行規則改正）2018年8月
- 特別支援学校高等部学習指導要領公示 2019年2月
- 学校における医療的ケアの実施に関する検討会議（最終まとめ）2019年3月
- 中教審「令和の日本型学校教育」の構築を目指して〜全ての子供たちの可能性を引き出す個別最適な学びと、協働的な学びの実施〜（答申）2021年1月
- 医療的ケア児及びその家族に対する支援に関する法律施行（R3年6月公布）2021年9月

■ 参考文献

- 井上賞子・杉本陽子（2006）「通常学級の担任の気づきを支援につなげる簡易シート『はじめの一歩』の開発」LD学会発表論文集
- 井上賞子・杉本陽子（2007）「通常学級の担任の気づきを支援につなげる簡易シート『はじめの一歩』の開発② 〜助詞の指導事例〜」LD学会発表論文集
- 杉本陽子・井上賞子（2007）「通常学級の担任の気づきを支援につなげる簡易シート『はじめの一歩』の開発③ 〜算数科における活用例〜」LD学会発表論文集
- 独立行政法人国立特殊教育総合研究所（2005）『LD・ADHD・高機能自閉症の子どもの指導ガイド』東洋館出版社
- 独立行政法人国立特殊教育総合研究所（2005）『地域を支える教育相談』ジアース教育新社
- 小林倫代編著（2018）教員と教員になりたい人のための特別支援教育のテキスト　学研
- 文部科学省初等中等教育局特別支援教育課（2013）教育支援資料〜障害のある子供の就学手続きと早期からの一貫した支援の充実〜
- 中央教育審議会初等中等教育分科会報告（2012）共生社会の形成に向けたインクルーシブ教育システムの構築のための特別支援教育の推進（報告）

2章

困難の背景を予想した支援例
～「はじめのいっぽ！」を
活用して～

目からの情報処理の困難

課題のどこに注目してよいのかがわからなくなりがちなAさん (3年生・女児)

状況

- ドリルやプリントで、番号が打ってあっても今どこをしているのかわからなくなる。
- 板書のどこを写していいかわからない。
- 漢字を書くとき、細部に間違いが多い。
  （突き抜けてはいけないところが突き抜けていたり、その逆があったり）
- 位取りの計算が桁をそろえて書けない。
- 今やっている課題の場所がわからなくなり、時間がかかる。
- そのため、意欲が続かない場合が多い。

困難が見られる場面と困難の背景の予想のグラフ

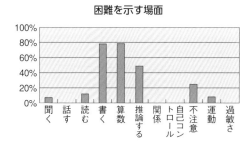

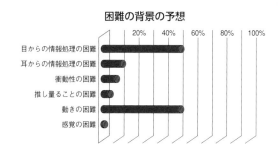

結果から予想される困難の背景

　グラフからは、「書く」「算数」「推論する」という活動が苦手なことがわかる。
・目からの情報処理の困難
・動きの困難

困難の背景の分析

●支援シートを作成
・視覚的な情報に合わせて体を動かすことが苦手なのではないか。
・空間関係の把握が難しいのではないか。

支援シートから選択した項目と具体的に取った手立て

●注目する場所以外の刺激を減らす
　⇒ガイドを利用する

・ドリルの問題に合わせて、注目する部分だけが見えるガイドを使い、見るべき所をはっきり示す。

参考になる
アイデア
シート No. **48**

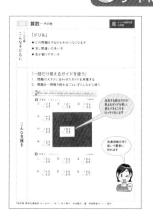

●注目できる方法を知らせる
　⇒板書と手元のノートのつながりが確認できる方法を持たせる
・板書に注目させる際は黒板の上に番号をつけておき、今はどの番号の場所に注目するかを知らせる。

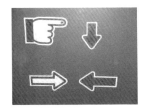

・板書をノートに書き写すときは、色チョークで囲ったり、矢印や「ここ見てマーク」を使う。
●罫線やマスの入った用紙を使う

その後の様子と今後の方針

・課題に早く取り掛かれるようになった。
・授業中、何をしていいかわからず、ぼうっとしている時間が少なくなった。

・ガイドの利用が有効に働くまでには、ガイドをずらしていくという練習が必要だった。苦手さを軽減する教具だが、これがあればすぐにできるというのではなく、これをどう使うかを丁寧に指導していくことでガイドの利用が有効であったと感じている。
・理解力には困難はない子なので、どこに注目すればいいのかがわかることで授業参加の意欲が高まっている。
・これまでは、「やる気がない・ぼうっとしている」と評価されがちだったが、手立てがあれば取り組める姿が見られることで、今までの姿は本児の困っていた様子だったことがわかり、他の場面での支援にも広がっている。
・こうしたガイドを活用した支援は、Aさんだけでなく周りの子ども達への支援としても有効だった。

①目からの情報処理の困難

子どもの姿

●ガイドがあると助かる場面では、自分から進んで「これ使っていいですか」と聞きに来るようになった。
●なくさないように、ガイドを大事に筆箱にしまっている。

●じっとしていたり、ぼうっとしていたりするのは気になっていて、声をかけたり体に触ったりして注意喚起はしていたが、「なぜそうした姿になっているのか」ということは意識していなかった。
●「今、どの問題をやっているのかわからなくなる」ということがわかったので、「どこをやっているか？をわかるようにするにはどんな手立てをとればいいか」と考えるようになり、具体的な支援ができるようになった。

担任の感想

31

ノートと同じ構成の黒板で理解を助ける

ノートの1の数字の下に、ページ数を書きますよ。

そうか！
1の下に「24」って
書けばいいのか…。

参考になる
アイデア
シート No. **49**

「見ればわかる」ではなく具体的に言語化

運動の方向性を言語化

「ツ」の練習

① 「上から」
② 「上から」
③ 「上から」

参考文献 となえて かく
漢字練習ノート
改訂2版
小学 **1** 年生

下村 昇=著　まつい のりこ=絵

小学1年生で習う漢字80字の
★ 書き順を「口唱法」で書いておぼえる
★ 読み書きが「おはなし」でしっかり身につく

2020年度・小学校新学習指導要領準拠

『となえてかく漢字練習ノート
（小学1～6年生）改訂2版』
下村昇／著　偕成社刊　1～2年 880円（税込）
　　　　　　　　　　　3～6年 990円（税込）

参考になる
アイデア
シート No. **8**

色の手立てで確認しやすくする

「作文用紙の使い方」
お助けシート1

かきはじめは1マスあけます。

「作文用紙の使い方」
お助けシート2

「、」は、1マスつかいます。
「は、このばしょにかきます。

参考になる
アイデア
シート No. **23**

書く場所がはっきりしたシートを使う

場所で色分け
・黄色のかける数をかけたら答えを黄色へ
・緑色のかける数をかけたら答えを緑色へ

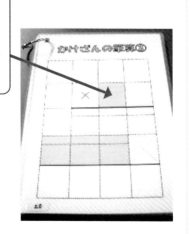

繰り上がりを書く場所に赤い線を入れる

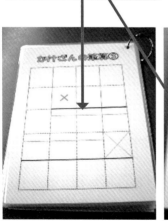

参考になる
アイデア
シート No. **33**

耳からの情報処理の困難

忘れ物・なくし物が多く、いつも注意されているBさん (2年生・男児)

状況

- 毎日のように忘れ物がある。
- 入学当初から毎日のように鉛筆や消しゴムをなくしている。
- 家庭で名前を大きく書くなどの対策をとっていた。周囲の子が届けてくれる効果はあったが、本人が気をつけることはなかなかできない。
- 新しいものを買うたびに「大切にする」「なくさない」と約束したがすぐになくしてしまうので、いつも叱られている。
- 「どうせ忘れる」「また叱られた」「いつものこと」と投げやりな気持ちも出てきている。

困難が見られる場面と困難の背景の予想のグラフ

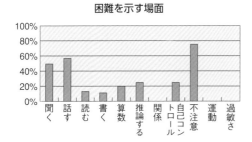

困難を示す場面

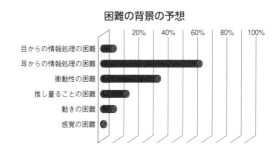

困難の背景の予想

結果から予想される困難の背景

　グラフからは、「聞く」「話す」「不注意」という場面で困難を示すことがわかる。

- ・ 耳からの情報処理の困難
- ・ 衝動性の困難

困難の背景の分析

● 支援シートを作成

- ・気が散りやすく、必要な時、必要なものに注意が向けられていないのではないか。
- ・聞いたことを覚えておくのが苦手なのではないか。
- ・何をしなければいけないのかを忘れてしまいがちなのではないか。

支援シートから選択した項目と具体的に取った手立て

● 確認できる方法を利用する

　⇒筆箱のふたやランドセルに、何がいくつ入っているか書いた確認表をはっておく

参考になる
アイデア
シート No. **66**

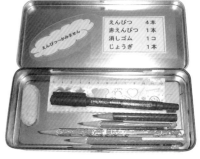

・ふたが一箇所だけの筆箱にして、入っているものの名前と数を書いた確認表をふたの裏にはった。

（それまでは、裏表にふたのあるタイプの筆箱を使っていたが、どこに何が入っているかわかりにくく、チェックがしづらいと考えて、その筆箱の使用をやめてもらった）

・前の晩に次の日の用意をするときに、保護者が一緒に数を数えて確認した。

● 適正な評価をする
　⇒成功体験を積ませる

・宿題をするときに筆箱の中身を一緒に確認し、評価を返した。

（全部そろっていなくても確認しようという意識が見られればそれをほめ、意欲が支えられるように声がけした）

※家庭に協力してもらい、１週間集中してかかわってもらった。

その後の様子と今後の方針

・筆箱の中身をなくさず持って帰ることができるようになった。

・帰ってくると自分から「見て見て」と筆箱を母親に持ってきて見せるようになった。

・足りないことがあっても、次の日探してくるようになった。

・今までは「注意する」という方法だけで対応していたが、それを聞き取ったり覚えていたりすることに苦手さのあるBさんの場合、効果が上がらず本人の自己肯定感も下がっていた。「苦手な部分を補う」という発想での支援に切り替えたことは、「できる自分」を実感したり評価を受けたりする機会が増え、意欲の高まりにつながり、効果が見られたと考えられる。

・今回は家庭とも連携して集中して取り組んだため改善の姿が見られたが、定着させていくにはBさんの苦手さを踏まえた継続した取り組みが必要だと感じている。また、鉛筆以外の持ち物の管理や準備についても課題を抱えており、他の場面でもBさんの「注意の向けにくさ」や「聞き落としやすさ」に注目することで、有効な手立てを探っていきたい。

子どもの姿

◉ 筆箱を開けるたびに、気づいて周囲を探したり本数を確認したりする姿が見られるようになった。
◉ 使おうと思ったときに鉛筆がないということがなくなった。
◉ 「お母さんにほめられた」とうれしそうに話していた。

母親の感想

◉ あれほど言ってもできなかったことが、こんなことでなくさなくなるなんて、驚きました。
◉ いい加減な性格だからなくしても平気なのかと思っていたが、本人も本当に覚えていられなくて困っていたのだと納得しました。
◉ ほめるとすごく喜ぶので、これまで叱りすぎたかなと反省しています。

合図を決めておき、言語指示を減らす

【やくそく】
○ 「はじめ」と いわれてから
　はじめる
○ 「おわり」と いわれたら
　（  のおとが きこえたら）
　① てを とめる
　② せんせいのほうを みる

トライアングルが
鳴ったら、先生を
見るんだな。

参考になる
アイデア
シート No. **90**

注意を向けやすくする（指差し確認）

今から、26ページの1番を読みます。
読むところに指を置いてください。

26ページの1番は…
ここだ。ここを読む
んだな。

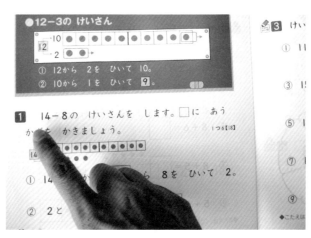

参考になる
アイデア
シート No. **56**

自分で確認できる 〈こんな支援もあるといいな〉

思い出す手立てのあるプリント

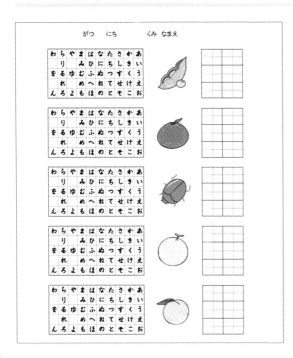

〈思い出す手立てのあるプリント〉
50音表で文字を確認しながら書き
込めるプリントを使う。

むしの絵だから…
「まみむめも」の「む」と
「さしすせそ」の「し」を
書くんだな。

参考になる
アイデア
シート No. **13**

歌と動作化で思い出す手立てを持つ

10の合成と分解を、
歌と動作で覚えます。

 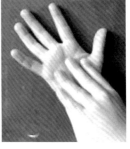

1と9 は なかよしさん♪

10のなかよしさん

●○○○○○○○○○	1と9	は なかよしさん
●●○○○○○○○○	2と8	は なかよしさん
●●●○○○○○○○	3と7	は なかよしさん
	10をつくって あそびましょ	
●●●●○○○○○○	4と6	は なかよしさん
●●●●●○○○○○	5と5	は なかよしさん
●●●●●●○○○○	6と4	は なかよしさん
	10をつくって あそびましょ	
●●●●●●●○○○	7と3	は なかよしさん
●●●●●●●●○○	8と2	は なかよしさん
●●●●●●●●●○	9と1	は なかよしさん
	10をつくって あそびましょ	

参考になる
アイデア
シート No. **25**

CASE ❸ 衝動性の困難

課題に落ち着いて取り組めないCさん (1年生・男児)

状況

- 手遊びが多く、授業中でも目に入ったものに触らずにはいられない。
- じっと席について話を聞くことができない。
- 発言のルールが守れず、当てられなくても答えてしまう。
- 朝の会や帰りの会など、説明が多くなる場面では、うつぶせになったり周囲にちょっかいを出したりするようなことが見られる。
- 興味や注意が向けば集中して課題に取り組める。

困難が見られる場面と困難の背景の予想のグラフ

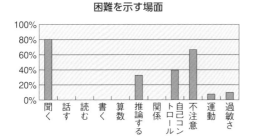

困難を示す場面

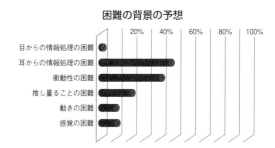

困難の背景の予想

結果から予想される困難の背景

　グラフからは、「聞く」「自己コントロール」「不注意」で困難を示すことがわかる。
- ・衝動性の困難
- ・耳からの情報処理の困難

困難の背景の分析

●支援シートを作成
- ・気が散りやすく、必要なものに注意が向けられていないのではないか。
- ・いろいろな情報から刺激を受けやすいのではないか。
- ・集中の持続が困難なのではないか。

支援シートから選択した項目と具体的に取った手立て

●授業の中で活動に変化を持たせる
　⇒動く必然性を作る

自己選択や決定ができる課題の提示

参考になる
アイデア
シート No. **89**

コーナーをつくり、動いて課題に取り組む場面。その課題を選ぶかどうかの選択もできる。

・学習活動そのものに動きのあるものを取り入れたり、事前に相談しておいて「離席する必要のある」指示を出したりした。

・15分に一回程度こうした動く活動を取り入れ、気持ちが切り替えられるようにした。学習場面として動く必然性が作れないときは、プリント配布のお手伝いや職員室へのお使いなども活用した。

◉学習環境を整える
　⇒不必要な刺激を排除する

・机上の使い方を図で示し、不必要なものは置かないようにすると共に、手遊びにつながるものの位置を遠くにした。

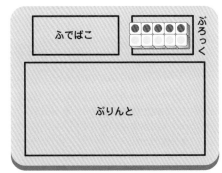

学習道具ポジション表を作って、学習道具を置く場所、置き方を指定し、ブロックで遊ばないようにする。

・学習に使うものでも出しっぱなしにさせず、そのときだけ出させて使わないときはすぐにしまわせた。

◉否定の言葉でなくどうすればよいかを伝える

・ポジション表を意識したり守ろうとしている姿を具体的にほめる。

◉聞き取りやすくする
　⇒指示は短く簡潔にする

参考になる
アイデア
シート No. **89**

その後の様子と今後の方針

・動く場面があることで、気持ちを切り替えて取り組むことができた。

・学習道具はあらかじめ準備しておくのではなく、直前まで出さなかったことで手遊びが減った。

・学習道具のポジション表を活用し、禁止の声がけでなく「どうすればいいのか」を示したことで、「こうすればほめられる」ということがよくわかり注意が持続した。

・気になるところをなくす視点だけでなく、「この子の特性を生かす」視点から手立てを考えていくことは、自己評価を下げない支援にもつながることを実感した。

子どもの感想

◉動く必然性のある授業後、「おもしろかった、またやりたい」と話していた。

◉注意をされる場面が減ったことで、意欲的に取り組む姿が見られた。

担任の感想

◉これまでは「いけないことをすれば注意する」を繰り返していたが、Cさんの学習態度はなかなか変わらなかった。手立てをとることで、がんばるCさんの姿が見え、以前と違ってほめる場面が増えてきている。

◉「いけないとわかっているのに何で繰り返すのか」と思っていたが、いろいろな刺激に影響を受けやすいのかもしれないとわかったことで「では彼が学習に、授業に気持ちを向けやすくするにはどうしたらいいか」を考えるようになった。

スタートとゴールの時間を明示

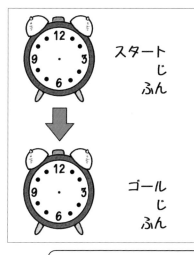

スタート
じ
ふん

ゴール
じ
ふん

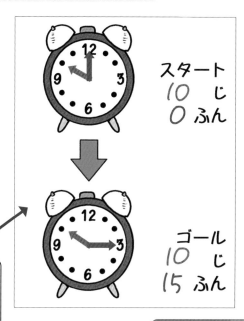

スタート
10 じ
0 ふん

ゴール
10 じ
15 ふん

何を「スタート」するのか、
「ゴール」でどうするのかの
情報も提示しておく。

参考になる
アイデア
シート No. **102**

注意喚起の工夫

〈対象児の持ち物を使って説明する〉

習字道具の確認をします。
Aちゃんの道具を貸してくれる？
こんな下じき、入っていますか？
これがすずりです。ありますか？

自分の道具なので、注意を向けやすい。
返ってきてからも、説明と同じものが手元に
あるのでわかりやすい。

参考になる
アイデア
シート No. **55**

行動と評価の関係を具体的に伝え

ありがとう

何のこと？

お花に水をやって
くれてありがとう

お花に水をやったら
ほめられたよ。
またしよう！

「この状況でこういえば伝わるだろう」と周
りが思っても、そうした前提となる情報の把
握ができていない子には伝わらない。

参考になる
アイデア
シート No. **95**

座席の配慮

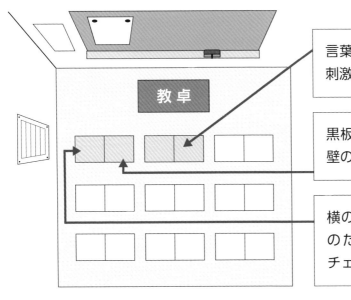

言葉がけがしやすく、周りの
刺激が少ない位置

黒板下のスケジュール、横の
壁の手順表が見やすい位置

横の壁に掲示している対象児
のための時間割、カード、
チェック表が見やすい位置

参考になる
アイデア
シート No. **63**

CASE ❹ 推し量ることの困難

指示されてもなかなか課題に取りかかることのできないDさん (3年生・女児)

状況

- まじめな態度で授業に取り組み、話も集中して聞いているが、指示されても それにそって動くことができない。
- 指示を聞いたあと、必ず周りを見て今何をするのかを確認しようとする。
- 単純な作業は、黒板に指示を書くことでできるが、「どんなふうにする」と いう理解が必要になる作業では、じっとしていて課題に取りかかることがで きない。

困難が見られる場面と困難の背景の予想のグラフ

困難を示す場面

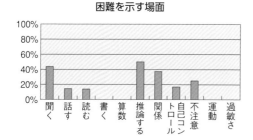

困難の背景の予想

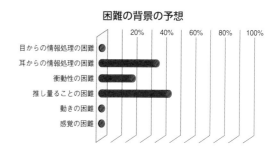

結果から予想される困難の背景

グラフからは、「聞く」「推論する」「関係」という 場面で困難を示すことがわかる。

- ・推し量ることの困難
- ・耳からの情報処理の困難

困難の背景の分析

●支援シートを作成

- ・言葉から情景のイメージが持ちにくいのではな いか。
- ・「こうしたらどうなるか」の見通しが持ちにく いのではないか。

支援シートから選択した項目と具体的に取った手立て

●言葉だけでなく目で見たものを利用してイメー ジ化を援助する
⇒手順表を使う

情景図を利用する
絵や図を使って考えさせる

参考になる
アイデア
シート No. **32・44**

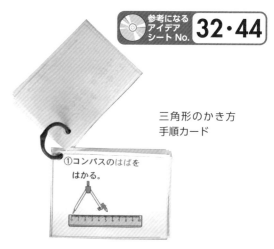

三角形のかき方
手順カード

①コンパスのはばを
はかる。

・絵の入った手順表を用意し、何をどんなふうに すれば良いかを具体的に伝えた。

④推し量ることの困難

・文章題の関係が理解できるよう、情景図を利用した。
・問題解決の際には、図化して考えさせた。

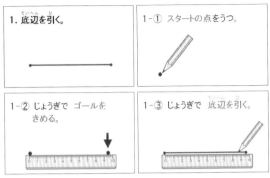

1. 底辺を引く。

1-① スタートの点をうつ。

1-② じょうぎで ゴールを きめる。

1-③ じょうぎで 底辺を引く。

▲三角形のかき方　手順カードより

　手順表を活用した支援は、困難のない子どもにとっては「定規を使って3cmの線を引きなさい」と言われれば、先生の指示の行間を読みながら、指示通りの手順を踏むことができるが、推し量ることが苦手な子どもは、「①スタートの点を打つ」「②・・・」など、何をどのようにするのかをより細かく丁寧に伝えることが必要。

その後の様子と今後の方針

・そばについて一つ一つ声がけしなくても、自分で手順表を見ながら進んで作業に取り組めた。
・道具の使い方で戸惑っていたのが、絵を見ることで「どんなふうに使うか」がわかるようになった。
・この順番どおりに進んでいけば必ずできるという安心感が、作業の取りかかりをスムーズにした。
・これまでは、集中して聞いている姿だけを見て「わかっているはず」と判断し、Dさんにとって必要な手立てを考えることができなかったが、「推し量ることの困難」を抱えているかもしれない背景の予想が立ったことで、苦手さに沿った支援を考えることができた。
・困難の背景の視点に立った手立てが有効だったことで、もしかしたら他の場面でも同じように困っていたり戸惑っていたりするのかもしれないという理解の広がりが出てきている。
・今後はDさんが取ることのできる方法を増やしていくと共に、周囲もDさんにとってわかりやすい伝え方を工夫していくことが必要だと考えている。

子どもの姿

● 不安そうな様子や周囲の動きを見てまねしようとする姿がなくなった。
● 書かれている作業の手順を嬉しそうに声に出してから、作業を一つひとつ丁寧に進めていた。

担任の感想

● 作業の際はそばについていなければなかなか先に進めなかったのが、方法がわかれば自分の力で意欲的にできるのだということがわかった。
● 言葉では伝えにくいことでも目で見てわかる手立てを取ることでわかりやすくなることを実感した。

見通しを持たせるために

手順表いろいろ

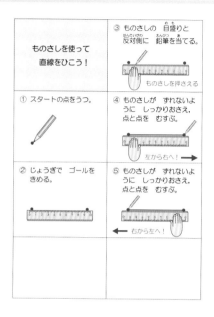

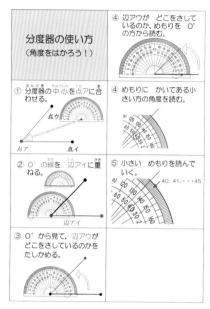

参考になる
アイデア
シート No. **32**

タイマーを利用する

減っていく時間と残りの時間が
見えるようなタイマーを利用す
る（下は、パワーポイントで作成）。

左のように数字が減っていくタイプがい
いか、右のように残りの量が視覚的にわ
かるものがいいかは、子どもの実態を見
て選択する。

しっかり集中! **3分間コース**

1分 　　　　30秒

2分 　　　　1分30秒

3分 　　　　2分30秒

残りの時間の量が見える。
「タイムタイマー」の利用。

参考になる
アイデア
シート No. **103**

意味理解を助けるために

こんな支援も
あるといいな

絵で意味を補う

・切り取って漢字チップを作り、
　あてはまる所に置いていく。
・慣れてきたら書き込ませる。

参考になる
アイデア
シート No. **14**

情景図を利用する

右は、パワーポ
イントで作成。

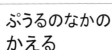

ぷうるのなかの
かえる

ぷうるのそとの
かえる

4ひき

2ひき

ぷうるのなか

ぷうるのそと

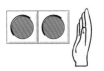

推し量ることが苦手な子の場合、文章を読ん
だだけでは、関係や情景をつかむことができ
ないことがある。絵や図でそれを補助する。

参考になる
アイデア
シート No. **44**

手先が不器用で、ものさしでうまく線が引けなかったEさん (4年生・女児)

状況
- ものさしがうまく押さえられず、線がずれてしまう。
- 力加減がわからない。
- 自分が線を引きたい場所にものさしをそろえることがうまくできない。
- ものさしを一度押さえたら動かして調節するということができにくく、斜めになってしまう。
- うまくできないので、線を引いたり図をかいたりすることを嫌がる。

困難が見られる場面と困難の背景の予想のグラフ

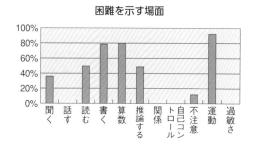

困難を示す場面

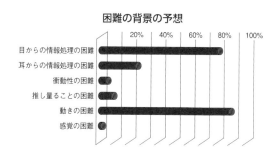

困難の背景の予想

結果から予想される困難の背景

　グラフからは、「書く」「算数」「運動」という活動が苦手なことがわかる。
・動きの困難
・目からの情報処理の困難

困難の背景の分析

●支援シートを作成
・指先や体をどんなふうに動かせばどうなるかがわかりにくいのではないか。
・視覚的な情報に合わせて体を動かすことが苦手なのではないか。
・空間関係の把握が難しいのではないか。

支援シートから選択した項目と具体的に取った手立て

●苦手さを補う道具を利用する
　⇒使いやすいものさしを用意する。

・マグネットを裏にはったものさしと、ステンレスシートをはった下敷きを使い、動いたりずれたりしにくいものさしのセットを用意する。

参考になる
アイデア
シート No. **28**

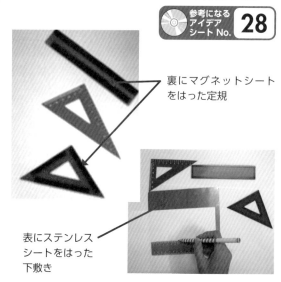

裏にマグネットシートをはった定規

表にステンレスシートをはった下敷き

●体の動きを意識させる
　⇒手順を言葉にして動きを確認する。
・線を引くときの手順を書き出しておき、自分の
　動きを確認させた。

① 定規を置きます
② えんぴつの先を0に合わせます
③ 定規が動かないようにしっかりと押さえます
④ 定規にぴったりえんぴつをあてて線を引きます

【配慮点として】
※やわらかい鉛筆を使用させる。
※力加減がわかるように、個に応じた伝え方を
　工夫する。
●注目できる方法を知らせる
・開始の位置に色をつけておくなど、どこからど
　こへむかうのかのヒントを提示した。
●時間の確保を心がける
・落ち着いて課題に取り組めるように、作業時間
　の設定に配慮した。

その後の様子と今後の方針

・まっすぐな線がすぐに引けた。
・「これがあればうまく引ける」という自信を持っ
て取り組めるようになった。
・今までは「手伝う」「声をかける」という方法
だけで対応していたが、「いつも注意される」
「言われてもできない」状況を重ねるだけで効果
が上がらず、本人の学習意欲も下がっていた。
「苦手な部分を補う」という発想での支援に切り
替えたことは、「できる自分」を実感し、取り組
みやすい中で方法を意識しながら経験を重ねるこ
とにつながった。
・他の場面でも動きが極端に遅れたり作業の困難
があったり、画数の多い漢字が正しく書けないな
どの困難を抱えている子なので、困難の背景の予
想に沿って支援を考えたい。

⑤ 動きの困難

子ども
の姿

●マグネットものさしを自分から借りに来て、「このものさしがいい」と嬉しそうに話していた。
●丁寧にまっすぐな線を引くことができた。

先生
の
感想

●不器用だろう、苦手だろうということはわかっていたが、「だからそれをどう補うか」ということはこれまであまり意識していなかった。「これがあればできる」と思えることで学習への参加のしやすさが高まることを実感した。
●「位置関係がとらえにくいのかもしれない」「自分の体をどう動かせばいいかわからないのかもしれない」という視点で見てみると、日常生活の中にも思い当たることがある。声をかけるだけでなく、目印をつけたり具体的にどこをどう動かすのかを丁寧に伝えるなどの手立てがないといけないなと感じた。

平行・垂直らくらく定規

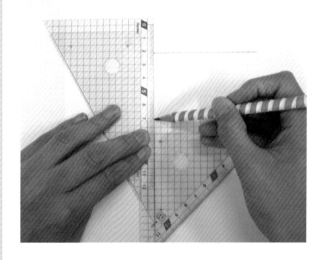

- ・厚さがあるアクリル板を三角定規の1cm内側にはりつける。
- ・三角定規の溝と溝を組み合わせると、固定されて直角がずれない。
- ・上下に動かすこともできる。

平行や直角を書くときにずれにくいね！

参考になる
アイデア
シート No. **29**

穴をふさぎやすいリコーダー

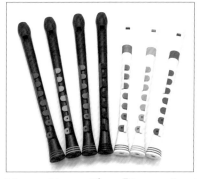

Nuvo リコーダー『Recorder+』
株式会社キョーリツコーポレーション

一つ一つの穴の上にシリコン製のキーが付いているリコーダー。指先の細かい動きが苦手な子どもでも扱いやすい。

**改造リコーダーソプラノ
アウロス204AF**
トヤマ楽器製造株式会社
価格：2,100円 (税込)

元々は指欠損の児童のために開発されたリコーダー。指孔を左右に移動し、調節して使用出来る。児童によっては、指孔の移動で吹きやすくなる場合と、そうでない場合がある。

さらに工夫

この半透明のシールが
ふえピタ

アイディア・パーク

「ふえピタ☆」は滑りにくい素材を使用しているので、笛穴に貼ることで弱い力でも笛穴をふさぎやすくなります。

参考になる
アイデア
シート No. **75**

※本書で紹介している各商品は、販売終了となることもあります。

使いやすい消しゴム

プラス
「電動消しゴム（電池式）」
価格：3,201円（税込）
※電動消しゴムなら、スイッチを
入れて、消したい文字にあてれ
ばきれいに消せる。

コクヨ
「カドケシ プチ (U750)」
価格：157円（税込）
※角がたくさんあって消しやすい。

参考になる
アイデア
シート No. **74**

⑤
動きの困難

体の動きを意識づける　こんな支援も
あるといいな

手順をわかりやすく示してのリボン結び

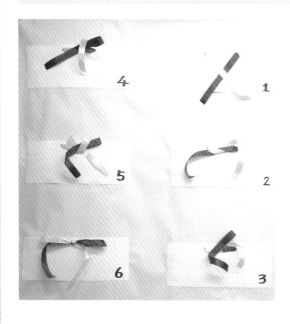

これなら、どっちが
どっちだったかわか
らなくならないよ！

実物モデルで順を
追って示していく
のも効果的です。

参考になる
アイデア
シート No. **70**

CASE ❻ 感覚の困難

読むときに目を細め、頻繁に大きな癇癪を起こしていたFさん (6年生・女児)

状況

- 忘れ物が過度に多く、その度に癇癪を起こす。
- 問題をよく読まず解答するためミスが多い。問題を読み上げると正確に答えることができる。自分で読む時は眩しそうに目を細める姿が見られる。
- 連絡帳を書かないことが多く予定がわからなくなる。また、書いていても見て確認することはしない。
- 「プリントの上と下は眩しくて見えないから、動かさないとわからなくなる。だから横書きはまだいいけど縦書きは大嫌い」と話していた。
- お手本を見ながらでも画数が多い漢字は正しく書けないことが多い。
- 忘れ物や予定の見落としをするたびに「お母さんのせい」「先生のせい」と周囲を攻めて暴れるため、「自分勝手」「わがまま」と見られていた。

困難が見られる場面と困難の背景の予想のグラフ

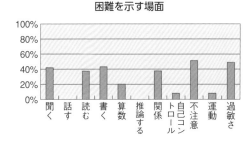

困難を示す場面

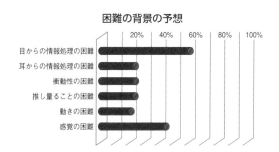

困難の背景の予想

結果から予想される困難の背景

・感覚の困難・目からの情報処理の困難

困難の背景の予想

・感覚の困難が大きく、情報がうまく取得できていないのではないか。
・見ての確認を避ける傾向が強く、視力には問題がないのに見えにくさを訴えている点から、視覚的な過敏さがあるのではないか。
・見通しの持ちにくさが不安感を大きくしているのではないか。

支援シートから選択した項目

・過敏性を認め、無理をさせない。
・視覚への刺激を軽減し、「見えやすい」状況を作ることで負担を減らす。
・「見ること」以外での確認の手立てを持たせることで、自分で予定管理ができるようにする。
・見通しの持ち方を知ることで、安心して生活できるようにする。

具体的に取った手立て

①カラーグラスやカラーシートを活用し、視覚的な負担を減らす

・カラーシートをプリントの上に置いて提示したところ「これならまぶしくないからみんな見える」と話していた。

・色々な色と濃さのシートを試し、薄い緑にピンクの線を入れたものを選んだ。

・合わせて日常的な負担軽減を考え、医師の指示も受けて眼鏡に薄く緑色の入ったレンズを使い、学習の際はその上から緑のカバーグラスを使用した。

②スマートスピーカーを使い、予定管理を音声で確認できるようにする

・キーボードを使っての入力は得意で早くできたので、予定が入るたびにカレンダーアプリに入力しておき、「明日の予定は?」「今日の予定は?」と話しかけることで自分で確認できるようにした。

・毎日の連絡帳も紙に書くのではなく同様に入力しておくことで、スマートスピーカーで確認できるようにした。

その後の様子と今後の方針

・カラーシートを使うことで、課題を読むことができるようになり、ミスが減った。

・日常的な負担感が軽減したこともあってか、いらいらとすることが少なくなっている。

・聞いて予定を確認することで、忘れ物や予定の見落としがほとんどなくなり、家族や教師に当たることもなくなった。

・カレンダーアプリを使っての予定管理が定着し、色分けをするなど、より確認しやすくなるように工夫する姿が見られた。

・人との違いに気付きにくい「感覚の課題」がFさんの学習や日常の困難の背景にあることを本人と周囲で共有できたことが、大きな安心感につながったと感じている。

・緑のカバーグラスをつけると手元は見やすくなるが黒板が見えにくくなるといった問題も出てきたが、タブレットで撮影して彩度を調整することで見やすさを保つといった手立てと組み合わせて解決する姿も見られた。

・今後は、「感覚の負担を軽減する」という視点での手立てを場に応じて選べるようにしていきたい。

⑥ 感覚の困難

子どもの感想

◉みんな同じようにまぶしいんだと思っていたから、自分だけできないことにいらいらしていたけど、そうじゃないってわかってホッとした。

◉聞いて確認するのはわかりやすいから自分でできるし、叱られることが少なくなってうれしい。

母親の感想

　毎日「お母さん、あれは? これは?」としょっちゅう聞いていたのが自分で確認して準備ができるようになってびっくりしています。

　忘れ物のことで喧嘩をすることもなくなりました。「よく見て!」「見なさい!」とよく叱っていたんですが、うまく見えなかったんですね。自分勝手で言っていたのではなく困っていたんだとわかりました。

こんな支援も
あるといいな

視覚の刺激を軽減する

・視覚の刺激を軽減することで、文字を捉えやすくする。
・光の刺激を軽減することで、ストレスを緩和する。

プリントやお便り、テストなどを作成する際、必要な子の分だけ色付きの用紙を混ぜて印刷する。「どの色の紙だと見やすいか」については、事前に比較して試せる機会を持っておく。

小学生向けカラーノートは2021年8月現在、コクヨ直営のECサイト「コクヨショーケース」のみでの販売です。

コクヨ「小学生向けカラーノート」
https://www.kokuyo-st.co.jp/mag/Life-and-Work/2021/06/000186.

感覚刺激をカットする場所

・光や音の刺激が少ない場所があることで、リラックスして休憩がとれるようにする。
・刺激の負荷が少ない場所があることで、安心感につなげる。

遮光カーテンがあり校内放送が入らないコンパクトなスペースが望ましいが、難しい場合は区切ったスペースに光を入りにくくしたり、イヤーマフや耳栓などが使えるようにしたりしておく。

**JVC
イヤーマフEP-EM70**
一般的なバンドタイプのヘッドホンのようなデザインで、周囲の目を気にせずヘッドホン感覚で使えるイヤーマフ。指を挟みにくい形状など使いやすさへ配慮した商品設計で、しっかりと耳を覆い外音を遮音します。

※本書で紹介している各商品は、販売終了となることもあります。

カラーシート等を使う

・視覚の刺激を軽減することで、文字を捉えやすくする。
・光の刺激を軽減することで、ストレスを緩和する。

スペース96「カラーチャート」
どの色のシートを使うといいかを簡易に比較できる
https://bit.ly/37gBQdN

カバーグラス
めがねの横から入る光の刺激も軽減できる。

色の入っためがね

「魔法の定規」
https://www.crossbow-japan.com/

参考になる
アイデア
シート No. **130**

雑音をカットしてくれる機器

・ノイズをカットすることで、必要な情報を取得しやすくする。
・音の刺激を軽減することで、ストレスを緩和する。

KING JIM「デジタル耳栓」
https://www.kingjim.co.jp/sp/mm1000/

ノイズキャンセラー機能つきヘッドフォン各種
イヤホンタイプやヘッドフォンタイプがある。

参考になる
アイデア
シート No. **128**

CASE ❼ 感覚の困難

偏食が激しく、給食の時間によくトラブルを起こすGさん (5年生・女児)

状況

- 貝類がまったく食べられない。
- 同じ食材でも調理の仕方や見た目で食べられないものがある。
- 給食の時間、頻繁に「食べれない！」と大きな声を出したり、人が食べているのにかまわず「こんなまずいもの食べ物じゃない」と言ったりするので、周囲の子から非難されることがある。
- 献立をもらった日から「〇日はあさりが出る」とこだわる。
- いつも同じ味がするファーストフードを好む。
- 過度に大きな声で話す。
- 周囲の音に敏感で、日常的な雑音でも「うるさい」と耳を押さえてさけぶことがある。
- ざらざらした感触やごつごつと硬い生地の服は着られない。
- 肌着などのタグは糸を抜いて取らないと着られない。

困難が見られる場面と困難の背景の予想のグラフ

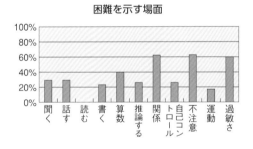

困難を示す場面

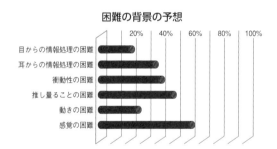

困難の背景の予想

結果から予想される困難の背景

　グラフからは、「関係」「不注意」「過敏さ」で困難を示すことがわかる。

- 感覚の困難
- 推し量ることの困難

困難の背景の予想

●支援シートを作成
- 特定の感覚が過敏で困っているのではないか。

- 「こうしたら周囲の人はどう思うか」ということがわかりにくいのではないか。

支援シートから選択した項目と具体的に取った手立て

●困った時にとることのできる方法を話し合っておく
- 食べられないものがあった場合、ランチルームでとることのできる方法を話し合った。

① 先生に「食べられないので残します」と言えば、残すことができます。
② 1時10分になったら、残して片付けることができます。
③ 残しても、デザートを食べることができます。

・献立を見て困難が予想される日の前にロールプレイをし、練習した。
・この手順を踏めば「どんなにこの食べ物が食べられない代物か」をアピールしなくても残せることを伝えた。

⚫絵に描いて関係を整理して伝える
・「こんなまずいもの食べ物じゃない」と自分の席で大声を出すのと、先生の所へ静かに行って「食べられないので残します」と言うのと二つの場面の簡単な絵を書き、周囲で食べている人がどう思うかを、吹き出し型の黒板を使って考えさせた。

⚫独特の過敏さのため困っていることを周囲に伝え、理解を求めていく
・「貝を食べると、砂場の砂をかんでいるような感じがして、吐き気がしてどうしても食べられない」というGさんの思いを周囲の子に伝えた。

・図を使ったり体験を出し合ったりしながら、「痛い」「暑い」「寒い」など、同じ言葉を使っていても、誰もが同じ度合いで感じているわけではないことを伝え、みんなとは違う感じ方で困っているFさんへの理解を求めた。

その後の様子と今後の方針

・「給食は食べなくてはいけないもの」と強く思い込み、食べられない自分を責めたり食材を責めたりしていたのが、「こうすれば残すことができる」という見通しがもてたことで、給食中にさわいだり暴言を吐くことはなくなった。
・周囲の子どもたちも、Gさんが困っていることがわかって、責めるような場面はなくなった。
・他人の感覚を体験することはできないので、みんな自分と同じ感じ方をしていることを前提に判断してしまいがちである。そうではないことを知ることでFさんも周囲の子も、どう助けを求めたり理解をしていったりすればいいのかがわかり、トラブルが少なくなったと考える。
・Gさんについては他の場面でも周囲と行き違うことが多いが、関係を整理して伝えたり具体的な方法を練習したりすることで、適応できる場面を増やしたい。

⑦ 感覚の困難

子どもの姿

⚫残せるとわかってからも、貝を見ると「うっ」と言いそうになることがあったが、「みんな食べているところだよ」と言うと「あっ」と言って静かに「食べられないので残します」と言うことができた。

周囲の子の感想

⚫みんなは嫌いなものがあってもがんばって食べているのにGさんはわがままだと思っていたけど、砂を食べるみたいだったら食べられなくても仕方がないと思った。
⚫同じものを食べても違う味に感じる人がいるなんて、びっくりした。

当事者の書いた本を読む

『自閉っ子、こういう風にできてます！』
『続　自閉っ子、こういう風にできてます！　自立のための身体づくり』
『続々　自閉っ子、こういう風にできてます！　自立のための環境づくり』
著者：藤家寛子　著者：ニキ・リンコ　各1,760円（税込）

感覚の問題についても、実体験を元にわかりやすく書かれている。

どんな風に感じて困っているかを伝える

●同じ温度の中にいても感じ方が違う

暑　い

熱いお風呂の中にいるみたい
動くとふらふらする

暑いな
汗が出るよ

●同じシャワーを浴びても感じ方が違う

痛　い

痛い！痛い！
針で刺されているようだ

シャワーの
勢いが強いな

「痛い」「暑い」「寒い」など、同じ言葉を使っていても、誰もが同じ度合いで感じているわけではないことを伝える。

⑦ 感覚の困難

取ることのできる回避行動を申し合わせておく

例　**暑さへの過敏さ**

・水で顔を洗ってくることができる
・教室の後ろで汗を拭いてこられる
・保冷剤を首にまくことができる
・冷たいお茶を用意しておき、飲むことができる

ちょっと
待って

もう少し
がんば
ろう

調子はどう？
大丈夫？

ほっとしたよ。
ちょっと安心

回避行動のタイミングがつかめる
ように、意識的に声がけをする。

参考になる
アイデア
シート No. **100**

周囲に自分が困っていることを伝える練習をする

遠足は暑そうだか
ら、タオルを多めに
冷やしておこう。

僕は暑いのがとても苦手なので、暑
くなるとあまりしゃべらなくなるか
もしれないけど、気にしないでね。

それはいい方法
だね。

なるほどそうなんだね。あなたが
丁寧に話してくれたからよくわ
かったよ。

「できて当たり前」と見逃さず、具体的に
どんな言動がよかったのかを評価する。

参考になる
アイデア
シート No. **93**

CASE ⑧ 算数の授業例 ～くり下がりのあるひき算～

指示の理解が難しいHさん (1年生・女児)

この事例では、特別支援教育コーディネーターが担任と協力して、単元全体を通じて
支援を具体化していく様子を紹介します。

状況
- 指示の理解が難しい。
- 活動が全体の早さについていけない。
- 文字や数字を丁寧に書くことができる。
- 手順がわかれば折り紙などの細かい作業も最後まで仕上げることができる。

困難が見られる場面と困難の背景の予想のグラフ

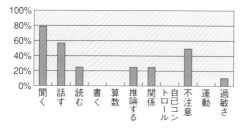

困難を示す場面

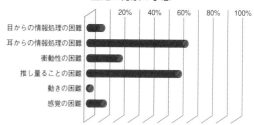

困難の背景の予想

結果から予想される困難の背景

担任とコーディネーターで話し合いながら、項目をチェックする。

　グラフからは「聞く」「話す」「不注意」という場面で困難を示していることがわかる。
・推し量ることの困難
・耳からの情報処理の困難

困難の背景の分析

●支援シートを作成
・言葉の意味や関係を理解することが難しいのではないか。
・聞いたことを覚えておくことが苦手なのではないか。

支援シートから選択した項目と具体的に取った手立て

担任「これならできそう」「やってみたい」と思うものを選択する。

コーディネーター　その手立てや配慮が、どのように子どもを助けることになるかを説明する。

●「推し量ることの困難」に対して
・場面図や情景図を利用する
・見通しを持たせる
・具体物を使う

● 「耳からの情報処理の困難」 に対して
・内容やキーワードをあらかじめ伝えておく
・指示は箇条書きにする
・注意を向けてから示す
・目で見てわかりやすいものを使う

選択した項目から支援を 具体化するまでの道すじ

```
1 単元全体の学習計画を立てる
2 つまずきを想定する
3 つまずきに対応した支援を考える
```

1. 単元全体の学習計画を立てる

1年 算数科 単元「ひきざん」における学習指導計画を立てる。

2. つまずきを想定する

・「言葉の意味や関係を理解することが難しい」ことから、Hさんが学習内容でわかりにくいのはどこか。
・「聞いて理解する」「聞いたことを覚えておく」ことが苦手なことから、Hさんが学習活動で困るのはどこか。

次の①②③の視点からつまずきを想定する。

①単元全体を通してHさんが苦手なことは何か
　＊問題解決の手順がわかりにくいかも？
　＊説明を聞いただけでは、指示や手順の理解が難しいかも？

②1時間の学習活動で困ることは何か
　＊「課題の把握」では文章題を読んで場面を理解するのが難しいかも？
　＊「発表・交流」では、言葉だけのやり取りではわかりにくいかな？

③本時の学習内容で理解が難しいのは何か
　＊第1時、2時では計算の手順が理解できるかな？
　＊第3時、4時ではひき算の唱え方と計算の式が結びつきにくいかも？

3. つまずきに対応した支援を考える

①単元全体を通した支援
・問題解決の手順をわかりやすく示すには？
　＊手順カードや学習の見通しボードを活用する。
　……㋐
・指示をわかりやすくするには？
　＊視覚的な手がかりを示して説明する。
　……㋑

②1時間の学習活動の中での支援
・問題文の場面把握を確かにするには？
　＊場面図やペープサートなど視覚的な補助を活用する。……㋒
・言葉だけのやりとりにしないためには？
　＊掲示用ブロックを実際に操作しながら発表させる。……㋓

③本時の学習内容と対応させた支援
・計算の手順がわかるような見通しを持たせるためには？
　＊ブロック操作と唱え方を対応させた手順表を活用させる。……㋔
・ひき算の唱え方と計算式の場面図を作るとしたら、どんな形になる？
　＊ひき算の唱え方と計算式が目で見て確認できるカードを活用させる。……㋕

文中の㋐〜㋕は、次ページのHさんへの具体的な支援㋐〜㋕に対応します。

⑧
算数の授業例 〜くり下がりのあるひき算〜

		単元目標　（二位数）〔11～19〕－（一位数）で、繰り下がり野ある場合の計算ができ、		
学級全体	次	第一次		
	目標	くり下がりのあるひき算の算法の理解とその計算及び適応題の練習		
	時	第1時	第2時	第3時
	目標	（二位数）－（一位数）でくり下がりのあるひき算について、数図ブロックを操作し、計算方法を見つけることができる。	（二位数）－（一位数）でくり下がりのあるひき算について、計算方法を作り上げることができる。	減数が6以上（6、7、8、9）のひき算の計算ができる。
	学習活動	・「かきが13こなっています。9ことるとなんこのこりますか。」の式をたて、計算の仕方を数図ブロックを使って考える。 ・12－9、15-9の計算を数図ブロックを使って考える。	・「ぱんが12こあります。7ことりました。なんこのこっていますか。」の式をたて、計算の仕方を数図ブロックを使って考える。 ・15－6の計算を声に出してする。 ・（二位数）－（一位数）の計算練習をする。	・「たまいれをしました。どちらのほうがなんこおおいですか。」の式を立て、「○このほうが△こおおい。」を考える。 ・□に11から19までの数を入れて「□－9」の計算をする。 ・□－9、□－8、□－7、□－6の計算練習をする。

Hさんへの個別の支援（表中の㋐～㋗は、前ページの手立て㋐～㋗に対応）

単元全体を通した支援

①座席位置の配慮

- Hさんの様子を把握しやすく、自然な形で声をかけられるよう、座席位置を教室の前列にする。
- モデルとなる子どもを近くの席にして、困ったときに周りを見て自分で確認ができるようにする。

参考になるアイデアシート No. **63**

②注意の向け方

- 手順の説明ではHさんの道具を使ったり、目の前で手本を示す。
- 手元の教科書、学習プリントや拡大図を使って今学習しているところを指し示す。
1時間の学習活動ごとの支援。

参考になるアイデアシート No. **51・53**

1時間の学習活動ごとの支援

①前時学習の想起

- ことばだけの振り返りにならないように、前時で使った学習の足あとやプリントや学習のまとめなど目で見て確認できるものを活用する。

②課題の把握

- 場面図やペープサートなどの視覚的な補助を使って場面把握を確かにする。……㋗
- 場面図は必要な情報だけに絞る。
学習内容と対応させた具体的な支援。

参考になるアイデアシート No. **44**

学習内容と対応させた具体的な支援

ブロック操作と唱え方を対応させた手順カードを活用……㋐

カードを順にめくると、操作と唱え方を確認できる

ひき算の唱え方と計算式が目で見て確認できるカードを活用

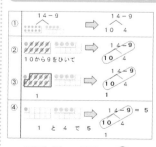

手元に置いて活用……㋕

このカードの特徴

- 目で見て確認できる。
- 唱え方と式の関係がわかりやすい。
- 忘れたとき、いつでも振り返りができる。
- 自分で確かめができる。

その適用問題が解けるようにする。			
		第二次	第三次
		計算カードやゲームによる たし算とひき算の習熟	計算カードやゲームによる たし算とひき算の習熟
	第4時	第5〜8時	第9〜10時
	減数が5以下（5、4、3、2）の ひき算の計算ができる。	ひき算のカードを使って、くり下がり のあるひき算を練習し、習熟する。	ビンゴゲームを通して、計算について 習熟する。
	・「くりが13こあります。4こ たべるとのこりはなんこです か。」の式を立て、計算の仕方 を考える。 ・□−5、□−4、□−3、□−2 の計算練習をする。	・ひき算のカードを使って、くり返し 練習する。	・ビンゴゲームを通して、計算につい て習熟する。

⑧ 算数の授業例 〜くり下がりのあるひき算〜

---

③指示の出し方

- 視線を合わせ、「今から話す」という合図を送ってから指示を出す。
- 視覚的な手がかりを入れて説明する。……❶
- 復唱させる。

指示が目で見て確認できる「学習ポジション表」

④見通しの持たせ方

- 学習の流れを示す「見通しボード」や課題解決の道筋を示した「手順カード」を活用する。…❼

1時間の学習の流れを確認できる「見通しボード」

---

③一人学び

- 問題を解く順番を文字で示したり、立式に必要な数値に着目させたりする。
- 手順カードや書き方シートなどを準備して「これを使えば自分にもできそうだ。やってみよう。」という意欲付けをする。

必要な数値を□で隠した問題文を作って着目させる

④発表・交流・まとめ

- ことばだけのやり取りにならないように、掲示用ブロックを実際に操作しながら計算の仕方を発表させる。……❶
- ブロック操作をプリントに書き込んで、学習の足あとを確認させる。

数字を書く場所や計算の手順を示した透明ガイドを活用

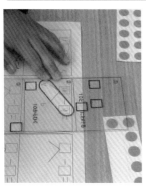

このガイドは
- 透明なフィルムの穴があいている部分にしか書き込めないようにできている。
- ガイドに書かれている順番に従って進めば、正しい位置に数字を書き、答えを出すことができる。

好きな活動（ビンゴゲーム）を取り入れる

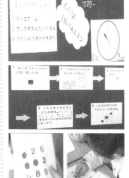

学習の見通しが持てるように
- 学習の流れの提示
- ゲームの終了時刻の提示

ゲームの進め方を確認できるように
- 見てわかる手順表を準備する

作業時間を短縮でき、混乱しないように
- ビンゴカードは、あらかじめとじておく
- ビンゴが一目で確認できるようにシールを使う

● きょうは、じぶんでぜんぶできました。
● ひきざんが、こえにだしてできました。
● けいさんが、たのしかったです。

● たった一人の子どものためにこんなに考えたことはなかった。今までも教材研究をがんばってきたつもりだったが、今思うと「一斉授業を効率よく」「内容をわかりやすく」など漠然としたものだった。「はじめのいっぽ！」を活用して、「対象児の困っていること」から「どんなふうにつまずくか」「だとしたらどんな手立てが必要か」を明確にして支援を実施し、「うまくいったこと、いかなかったこと」の結果をふり返ることで、「何のために」「どうする」という適切な手立てを見つけることができた。たった一人の子どもの支援を一生懸命考えていくうちに、他の子どもたちへの見方や手立ても見えてきて、それが学級全体の「わかる」授業につながったように思う。

● アイデアシートの教具・教示例を見て支援を考えていくことで、的を絞った支援ができるようになった。コーディネーターと打合せをすることで、自分のアイデアが教材となり、それを使ってHさんが理解していけたのがうれしかった。

● 「理解が難しい」「間違いやすい」など、子どもの日常の姿は同じでも、つまずきの内容は一人ひとり違っていた。これを踏まえた支援が大切。このことが、Hさんの支援を通してわかった。

CASE ⑨ 国語の授業例 〜助詞「は」「へ」「を」の指導〜

注意がそれやすいⅠさん （1年生・女児）

この事例では、本書のCD-ROM収録のアイデアシートとワークシートを活用して、
1時限の授業の中で支援を具体化していく様子を紹介します。

- よく話すが、音読になると1字ずつ拾い読みになる。
- 既習学習の定着が難しい。
- 注意がそれやすく、集中が持続しない。
- 参加しにくくなると離席する。

困難が見られる場面と困難の背景の予想のグラフ

困難を示す場面

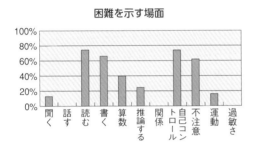

困難の背景の予想

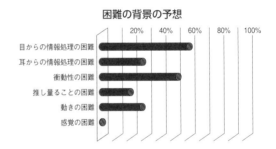

結果から予想される困難の背景

グラフからは「読む」「書く」「自己コントロール」「不注意」という場面で困難を示していることがわかる。

・目からの情報処理の困難
・衝動性の困難

困難の背景の分析

◉支援シートを作成

・いろいろな情報から刺激を受けやすく、集中が継続しないのではないか。
・注目すべき場所を選び取ることが難しく、見通しが立ちにくいのではないか。

支援シートから選択した項目と具体的に取った手立て

◉「衝動性の困難」に対して

・授業の中で活動に変化を持たせる……㋐
・見通しを持たせる……㋑

「目からの情報処理の困難」に対して

・書く場所や関係がわかりやすいシートを使う……㋒
・確認できる方法を利用する……㋓
・書く分量を減らして、課題への抵抗感を減らす……㋔
・言語化させる……㋕

文中の㋐〜㋕は、次ページのⅠさんへの具体的な支援㋐〜㋕に対応します。

本時の目標	どんな場合に「わ→は・え→へ・お→を」と表記が変化するかを、

展開の概要	具体的支援 （表中の⑦〜⑰は、前ページの手立て⑦〜⑰に対応）
1 本時の流れを板書する	●見通しを持たせるため、本時ですることを番号をつけて板書する。……⑦
2 助詞変化のルールを絵と言葉で確認する わたし は そのまま わ・え・お／へんしんのきまり ●ことばのかたまりは、そのまま ●くっつくと、へんしん へんしん は・へ・を	●文の中で変化しない部分を□、する部分を○で囲い、変化しない字は言葉の「かたまり」の中にあることを絵で示す。……⑦ ●「かたまり」の中の絵を、黒板に貼る役をさせる。……⑦ ●「かたまり」「くっつき」という言葉で、違いを言語化して提示する。……⑰ ●類題を板書し、同じ方法で変身する「くっつき」を探すことを繰り返す。……⑦ ●ルールをまとめて図にして板書する。……⑰
3 変身する助詞を探すワークシートに取り組む	●文の中から変化する字を見つけるだけの課題にして、書く量を減らす。……⑦ ●板書と同じ形のワークシートを使用し、書き方をわかりやすくする。……⑦ ●文の横に絵をつけ、言葉のかたまりを意識づける。……⑰ ●板書と同じ形式でルールをまとめたカードを手元に持たせ、確認できるようにする。……⑰ ●ワークシートを3種類用意し、①までを全員で取り組むことを確認。……⑦ ●活動に変化を持たせるため、1枚終わるごとに、自分で教卓へ持ってこさせて、採点する。……⑦
4 学習をふり返る	●「『かたまり』はそのまま」「『くっつき』は変身」というルールを絵と言葉で再確認する。……⑰

郵 便 は が き

141-8416
東京都品川区西五反田2-11-8
学研教育みらい
学校社会教育編集部

「改訂版
特別支援教育はじめのいっぽ！」
担当行

●ご記入いただいた個人情報（住所・名前等）は、商品・サービスのご案内、企画開発のためなどに
　使用いたします。商品情報などがご不要のお客様は、ご記入いただく必要はございません。

		都 道
ご住所	（〒　　-　　）	府 県
（ふりがな）お名前		
学校名・勤務先		

●お寄せいただいた個人情報に関するお問い合わせは、学研グループお客様センター
　（電話 03-6431-1002　受付時間は土・日・祭日・年末年始を除く、9:00〜17:00）まで
　お願いいたします。
●当社の個人情報保護については当社ホームページ
　https://gakken-kyoikumirai.co.jp/privacypolicy/ をご覧ください。

● 年齢 　　　歳　　　 ● 男 ・ 女　　　 ● 学生 ・ 社会人

この度は、「改訂版特別支援教育はじめのいっぽ！」をお買い上げくださいまして、誠にありがとうございました。
今後の企画の参考にいたしますので、アンケートにご協力ください。

① 本書をどこで購入しましたか？
　　1. 書店　　　　2. インターネット
　　3. その他 ［　　　　　　　　　　　　　　　　　　　　　　　］

② 本書をどこでお知りになりましたか？
　　1. 書店の店頭　　　　2. インターネット
　　3. 雑誌の広告　　　　4. 知人の紹介
　　5. その他 ［　　　　　　　　　　　　　　　　　　　　　　　］

③ 本書の感想をご自由にお書きください。

④ 次はどんな本を読んでみたいですか。
　　あったらいいと思うものをお書きください。

ご協力ありがとうございました。

絵と言葉で確認し、正しく使うことができる。

参考になるアイデアシート No. **22**

使用するワークシート	Iさんの様子
ワークシート22a「助詞のルール」 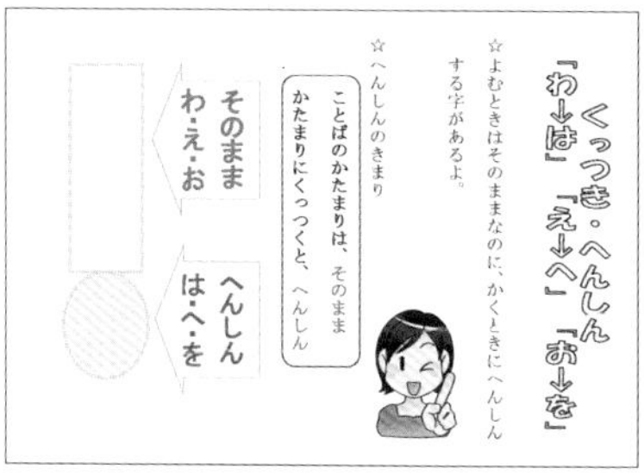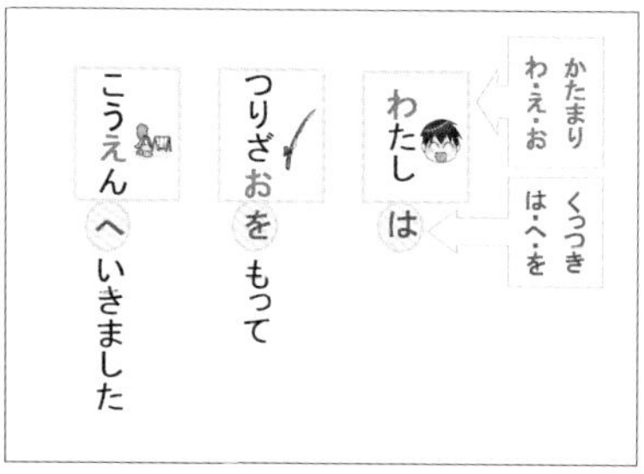	・初めは、なかなか参加できないでいたが、絵を貼る役をたのむと、□で囲った中に喜んで絵を貼っていった。
ワークシート22d「助詞プリント」 ① 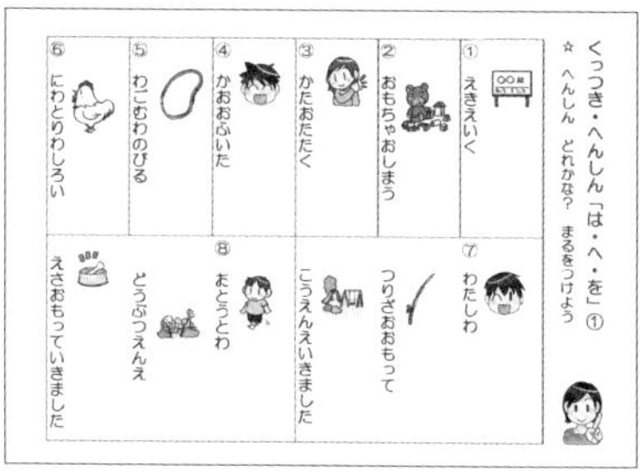 ② 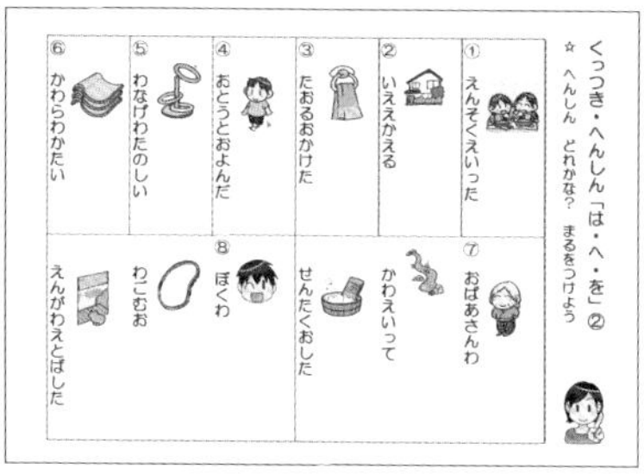 ③ 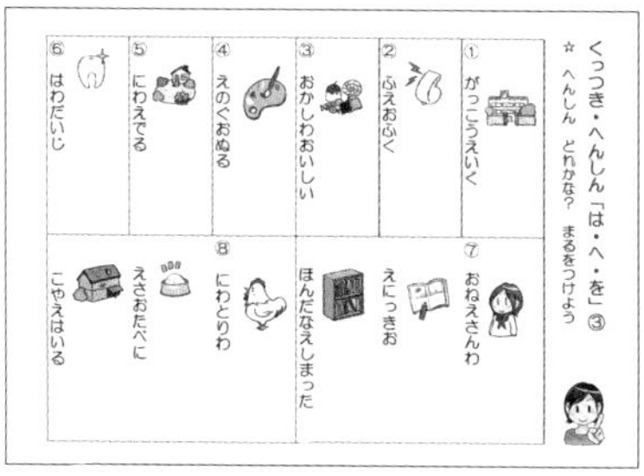	・絵が示す言葉のかたまりを囲い、「できた」と持ってきた。 「『かたまり』はばっちりね。じゃあ『くっつき』は？」と聞くと、「これ」と指した。 「そうだよ。『くっつき』は変身するんだったよね」と言って板書を確認させると、「そうだった」と正しく直した。 ・1枚目のプリントを、最後までやり終えることができた。プリントを集めると、「今日持って帰れる？ お母さんに見せたい」と話した。
	・「かたまりは」と言うと「そのまま」「くっつきは」と言うと「変身」と大きな声で答えた。

◉ 前半に役目を持たせて参加させたことで、意欲的に取り組めた。

◉ 今までは適当に書いていたり間違っていたりだったが、「助詞変化にはきまりがあ
る」ということをわかりやすく取り上げたことで、「どっちだったっけ」と考える姿
が見られるようになった。これまでも個別に声がけしたりしてきたが、この子の苦
手さに応じて「できそうだ」と感じることのできる手立てが有効なのだと感じた。
この後、本時で取り上げたルールを教室に掲示したり、日記に同じ形式のカードを
はさんで使用した。間違えて書いた時でも、それらを見せて四角や丸で囲んだり、
「『くっつき』は?」とキーワードを使って問いかけることで、「あっ、そうだった」
と自分で直せる場面が増え、自信につながっていると感じている。

3章

アイデアシートの利用法

子どもの普段の様子から
困難の背景を知る！！

子ども一人ひとりにとって適した指導・支援の方法は異なります。子どもに合った指導・支援を行うために、まずは、本書のCDに収録されている「97項目のチェックリスト」を使って、その子が今何に困っているのか（困難の背景）をチェックしましょう。

① チェックシートをひらく

現在ディスクにあるファイル (5)

- html
- アイディアシート
- ワークシート
- index.html
- はじめのいっぽ！.xls

付録CD-ROMの「はじめのいっぽ！.xls」をダブルクリックして、「97項目のチェックリスト」をひらきます。

「index.html」を起動すると、CDのメインメニューが表示されます。ここから、目的に応じたアイデアシートや授業で使えるワークシートへアクセスできます。

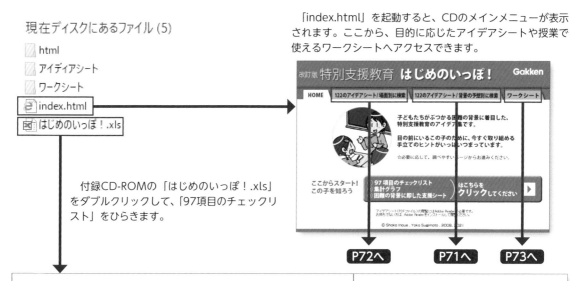

P72へ　　P71へ　　P73へ

② 子どもの様子をチェックする

97項目のチェックリストで、該当する項目にチェックを入れていくことで、子どもの困難の背景がどこにあるのかを知ることができます。

特別支援教育 はじめのいっぽ！〜97項目のチェックリスト

あてはまる項目にチェック!!

チェック日　2021 年 5 月　20日　　　　　学研小学校　3 年　　児童名 学研 太郎

		子どもの示す姿	チェック
聞く	音韻認知	・聞き間違いがある(ex.「はんこ」⇒「あんこ」「しった」⇒「いった」)	□
		・順番を間違えて覚えてしまうことがある(例:「59」⇒「95」「クリスマス」⇒「クスリマス」)	☑
		・新しい言葉をなかなか覚えられない(例:「頂点」「辺」「フラスコ」「立方メートル」等日常生活にない単語)	□
	意味理解	・指示の理解が難しい	□
		・かんたんな指示や質問でも、勘違いすることがある	☑
		・ゆっくり話されれば理解できるが、速く話されると理解が困難である	□
		・因果関係など、複雑な内容の理解が難しい	☑
		・周囲の子にわかるような話し方をしても、わかっていないことがある	□
		・読んで理解するより、聞いて理解することの方が困難である	☑
		・言葉の背後に隠された意味を捉えることが難しい(例:「消しゴム持ってる?」が「貸して」とわからない)	☑
	注意記憶	・個別に言われたら聞き取れるが集団場面では難しい	□
		・全体への指示の場面で、しばしば聞いていないように見える	☑
		・聞いたことをすぐに忘れる	☑
		・聞き漏らしがある	□
		・発音しにくい音がある~~~~~~(例: すぐに机に~~~~~~「~~しい」「つくえ」⇒「ちゅくえ」~~	
動	体の運動	・階段~~~~ぎこちない	
		・走り方がぎこちない	□
		・リズムに合わせて体を動かすのが苦手である	□
		・ボールの扱いがぎこちない(例: ドリブルが苦手・動いているボールが蹴れない)	□
		・なわとびが苦手である	□
	過敏さ	・偏食である(例: 特定の食感のものが食べられない)	☑
		・見た目で食べられないものもある(例:「チーズは、石鹸みたいでいや」)	☑
		・大きな音や特定の音を嫌がる(例: 運動会のピストルや風船の割れる音)または過度に好む	☑
		・耳ふさぎをしたり、日常の場面で「うるさい」とよく訴える	□
		・場に適した大きさの声で話せない	☑
		・プールのとき、シャワーや消毒槽に入るのを嫌がる	□
		・泥、砂、油粘土を過度に嫌う・または過度に好む	☑
		・服にこだわる(例: 袖口や襟元が締まるのを嫌う・靴下を履かない)	☑
		・汚れるのを嫌がる(例: 雑巾にさわれない・過度に頻繁に手を洗う)	☑
		・体の接触を嫌う(例: 手をつなぐ・組体操・二人三脚・ダンス)	☑

☆チェックが終わったら下の「集計グラフ」を押してください。

はじめのいっぽ！集計グラフ

チェックが終わったらクリック

次ページの ③ へ

はじめのいっぽ！チェックリスト	はじめのいっぽ！集計グラフ	目からの情報処理の困難	耳からの情報処理の困難
衝動性の困難	推し量ることの困難	動きの困難	感覚の困難

③ 集計結果を見る

チェックシートでチェックした結果は、「困難が見られる場面」と「困難の背景の予想」の2つのグラフが表示されます。上のグラフで、どんな場面で指導・支援が必要なのかを知り、下のグラフで、困難の背景を知ることができます。

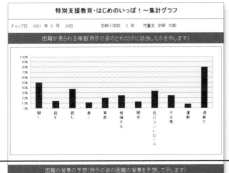

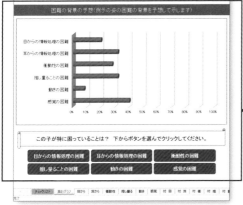

「困難の背景の予想」のグラフの下に、6つの困難の背景のボタンが並びました。それぞれをクリックすると、各困難に応じた支援・指導法のリストが表示されます。

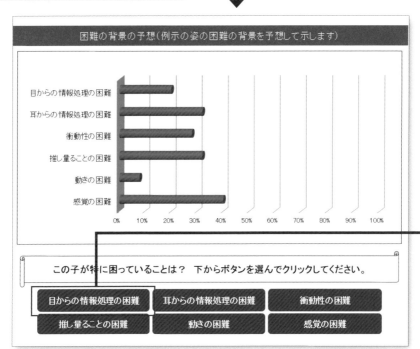

困難の背景に応じた
支援・指導法を知る

困難の背景ごとに、下図のような表を見ることができます。

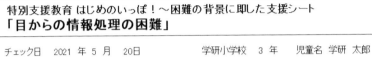

特別支援教育 はじめのいっぽ！〜困難の背景に即した 支援シート
「目からの情報処理の困難」

目 からの情報処理
の困難

チェック日　2021 年 5 月　20日　　　　学研小学校　3 年　　児童名 学研 太郎

☆目からの情報処理の困難とは？
・空間関係の把握が難しい（距離や位置、自分の体のイメージ）
・形を正確に捉えたり、記憶したりすることが難しい
・たくさんの情報の中から、注目する場所を選び取ることが難しい
・視覚的な情報に合わせて、指先や体を動かすことが難しい

※実際に子どもが示す姿については、「付録」を参照してください・・・・・・・・・＞　　付録

☆「やれそうだ」「よさそうだ」「やってみよう」と思う支援にチェックを入れていきましょう
☆アイデアシートの★をクリックすると、具体的な教材や支援の様子が見られます

	支援のヒント	アイデアシート	チェック
読む	・読みにくい字に読み仮名をつけておく		□
	・注目する場所以外の刺激をへらす		□
	一行分だけが見える音読ガイドを利用する	★	□
	読み終えた行を隠すことで今から読む行がわかりやすい黒定規を利用する	★	□
	一方方向からだけ目盛りがついた全分度器を利用する	★	□
	一問分だけが見えるガイドを利用する	★	□
	・注目できる方法を知らせる		□
	間違いやすいところに線やしるしをつけて意識させる	★	□
	文字を指で追ったり、鉛筆で線を引きながら読ませる	★	□
	分かち書きをしたり、塊で読めるように印をつける	★	□
	・注目できる方法を知らせる		□
	課題やお手本を	★	□

　表中に「★」のマークがある項目は、指導・支援のためのアイデアをまとめた「アイデアシートが用意されています。また、CDのメインメニュー（68ページおよび下図参照）から各アイデアシートをひらくこともできます。

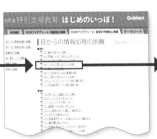

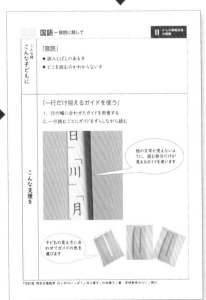

アイデアシート
の内容は、69〜
139ページ紹介
しています。

場面に応じた
指導・支援法をさがす

メインメニューで「122のアイデアシート/場面別に検索」のタブをクリックすると、各教科等ごと場面ごとに整理されたアイデアシートの一覧が表示されます。

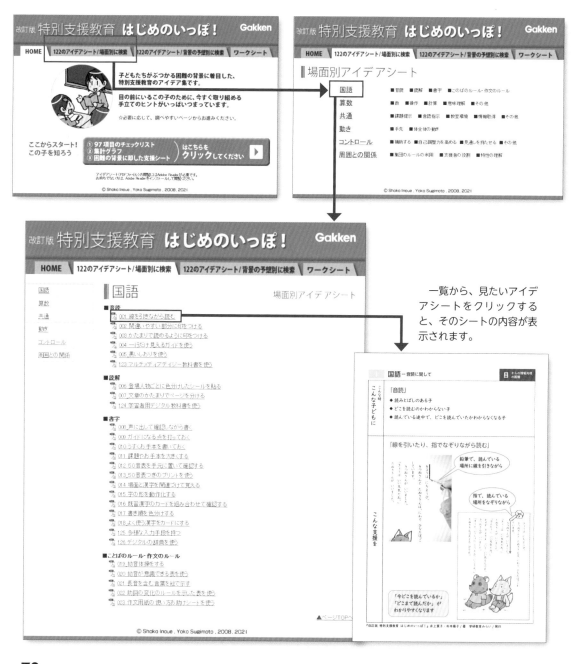

一覧から、見たいアイデアシートをクリックすると、そのシートの内容が表示されます。

指導時に使える ワークシートも用意

メインメニューで「ワークシート」のタブをクリックすると、アイデアシートで紹介したワークシート等のファイルの一覧が表示されます。

各項目をクリックすると、指定のファイルが、お使いのPCにダウンロードされます（pdfファイルの場合には、そのままブラウザ上に表示される場合もあります）ので、ダウンロードしたファイルを開いてお使いください。なお、利用には各ファイル形式に対応したソフトウェア等が必要です[※]。

現在ディスクにあるファイル (5)

- html
- アイディアシート
- ワークシート
- index.html
- はじめのいっぽ！.xls

各ワークシートは、CD-ROMの「ワークシート」フォルダに入っているので、それを直接ダブルクリックして開くことも可能。

ファイルは、マイクロソフトオフィスのワード、エクセル、パワーポイントのいずれかの形式のファイル、もしくは、pdfファイル形式で提供しています。

付属のCD-ROMのデータは、pdfばかりではなく、できるだけワードやエクセルでお届けしています。それは、この本をお使いになる先生方の目の前のお子さんの実態に応じて、「色を変える、線の太さを変える、マスを広げる、一手工夫を加える」などの加工をしていただきやすくするためです。0から作るのは大変かもしれませんが、最後の一手を、お子さんの学ぶ姿を思い浮かべながら手を加えていただけると、世界で1つだけのその子に合った教材ができるのではないかと思います。

※CD-ROMで提供している各ファイルは、本書初版発行当時（2007年頃もしくは、それ以前）のマイクロソフトオフィスの各ソフトウェア等、もしくは、改訂版制作時（2020年〜21年頃）のマイクロソフトオフィス等を使って作成され、Windows10、マイクロソフトオフィス365環境で動作の確認を行いました。

アイデアシートについて

アイデアシートの通し番号

「場面別」の項目を示しています。

「背景の予想」を示しています。

| 45 | **算数** － 意味理解に関して | 推 し量ることの困難 |

こんな時 こんな子どもに

「九九」

◆ 九九の意味がわからない子

こんな支援を

「絵で九九の意味を示したシートを使う」

「九九のしくみシート」を手元に置いておき、「何が」「いくつ分」をいつでも絵で確認できるようにしておく

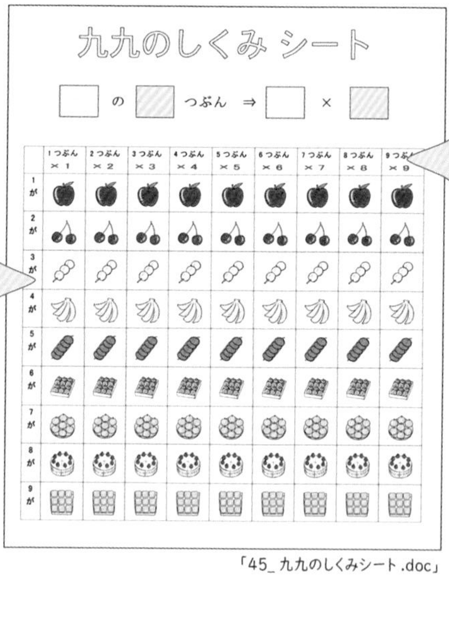

九九のしくみ シート

□ の ▨ つぶん ⇒ □ × ▨

横軸は、「かける数」（いくつ分）

縦軸は、「かけられる数」（何が）

「45_九九のしくみシート.doc」

『改訂版 特別支援教育 はじめのいっぽ！』井上賞子・杉本陽子 / 著　学研教育みらい / 発行

45_ 九九のしくみシート .doc

このアイデアシートの支援を行う際に活用できる関連ワークシートを示しています。

CD-ROMに収められているアイデアシートのファイルは、このような書式になっています。ファイルはすべてpdf形式で保存されています。（拡張子は.pdf）

1 国語 音読に関して

目 からの情報
処理の困難

こんな時 こんな子どもに

「音読」

● 読み飛ばしのある子

● どこを読むのかわからない子

● 読んでいる途中でどこを読んで
　いたかわからなくなる子

こんな支援を
線を引いたり、
指でなぞりながら読む

「線を引いたり、指でなぞりながら読む」

こんな支援を

鉛筆で、読んでいる
場所に線を引きながら

指で、読んでいる
場所をなぞりながら

「今どこを読んでいるか」
「どこまで読んだか」が
わかりやすくなります

2 国語 音読に関して

目 からの情報
処理の困難

耳 からの情報
処理の困難

こんな時 こんな子どもに

「音読」

● 読み飛ばしのある子

● 不適切なところで切って読んで
　しまう子

● 語尾を間違えたり、作って読ん
　でしまう子

● 新しい言葉がなかなか覚えられ
　ない子

こんな支援を
間違いやすい部分や
言葉に目印をつける

「間違えやすい部分や言葉に目印をつける」

1. かたまりで読めない言葉を囲う

2. 語尾に線を引き、読みの区切りに●シールを貼る

3. しるしに気をつけて、最後まで目で追うように意識させる

こんな支援を

気をつける所を
意識しやすくする
しるしのルールを
決めておきます

●まで、目で
確認して読もうね

からの情報
処理の困難

 こんな時 こんな子どもに

「音読」

●読み飛ばしのある子

●不適切なところできって読んで
しまう子

●語尾を間違えたり、作って読ん
でしまう子

●新しい言葉がなかなか覚えられ
ない子

こんな支援を

**かたまりで読めるように
しるしをつける**

こんな支援を

「かたまりで読めるようにしるしをつける」

1. かたまりで読めるように言
葉のかたまりを丸で囲う

2. かたまりごとに、し
るしをつける

ともだち

きょうは にちようび。
きつねさんと たぬきさんは、にわで ひなたぼっこを しています。
きつねさんが いいました。
「きょうは いい天気だね。」
・・・
かぜが そよそよ ふいて いい きもちです。

もうすぐ つゆの きせつが
やってきます
このじきは しつどが
たかく なります

子どもにとって、読
みやすいかたまりの
作り方を探ることが
ポイントです

からの情報
処理の困難

 こんな時 こんな子どもに

「音読」

●読み飛ばしのある子

●どこを読むのかわからない子

こんな支援を

**一行だけ見える
ガイドを使う**

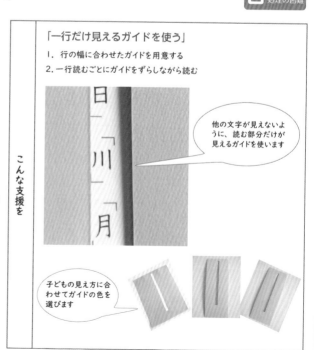

こんな支援を

「一行だけ見えるガイドを使う」

1. 行の幅に合わせたガイドを用意する

2. 一行読むごとにガイドをずらしながら読む

日 「川」 「月

他の文字が見えないよ
うに、読む部分だけが
見えるガイドを使います

子どもの見え方に合
わせてガイドの色を
選びます

5 国語 音読に関して

目 からの情報処理の困難

 こんな時 こんな子どもに

「音読」

● 読みとばしのある子

● どこを読むのかわからない子

こんな支援を

黒いしおりを使う

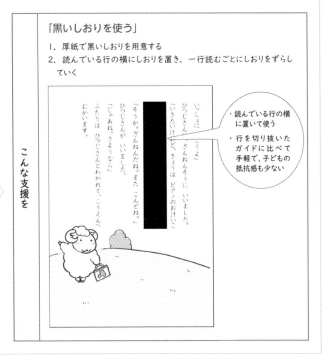

こんな支援を

「黒いしおりを使う」

1. 厚紙で黒いしおりを用意する
2. 読んでいる行の横にしおりを置き、一行読むごとにしおりをずらしていく

いっしょに こうよ
ひつじさんは うれしそうに いいました。
「そうか、ざんねんだね。また こんどね。」
ひつじさんが いいました。
「いさいけど、きょうは ピアノのおけいこ
「じゃあね。さようなら」
ふたりは ひつじさんとわかれて、こうえんへ
むかいます。

・読んでいる行の横に置いて使う

・行を切り抜いたガイドに比べて手軽で、子どもの抵抗感も少ない

6 国語 読解に関して

推 し量ることの困難

 こんな時 こんな子どもに

「読み取り」

● 文章の中で会話の関係が読み取れない子

こんな支援を

登場人物ごとに色分けしたシールを貼る

「登場人物ごとに色分けしたシールを貼る」

1. シールで登場人物の発言を色分けする
2. シールを手がかりにして役割読みをする

こんな支援を

● たぬきさん
● きつねさん

「そうしよう。なにを もっていこうか。」
たぬきさんは うさうきしながら いいました。
「まずは、おべんとうだ。」
たぬきさんが いいました。
「おいしそうな おにぎりが ある。」
ふたりは だいどころへ いきました。
きつねさんが いいました。
「おいしそうな りんごが あるよ。」
たぬきさんが いいました。
ふたりは おにぎりと りんごを もっていくことに
きめました。

私はきつねさんだから…
青のところを読むんだな

7 国語 読解に関して

 こんな時 こんな子どもに

「音読」

- 話の区切りがわからない子
- 読んで意味を理解することが苦手な子

こんな支援を

文章のかたまりでページを分ける

推 し量ること の困難

こんな支援を

「文章のかたまりでページを分ける」

1. 文章のかたまりでページを分ける
2. 可能であれば、挿絵の位置や大きさも変えて意味理解の補助にする

ひつじさんのせりふが書いてあるので「ひつじさんのさし絵」を大きく

きつねさんとたぬきさんのせりふが書いてあるので「きつねさんとたぬきさんのさし絵」を大きく

---

8 国語 書字に関して

目 からの情報 処理の困難

 こんな時 こんな子どもに

「書字の習得」

- 書き順を間違いやすい子
- 字を書くと棒が多かったり足りなかったりする子
- 字の形がとりにくい子
- マスの大きさと字の大きさや位置のバランスが悪い子
- 視写の苦手な子

こんな支援を

声に出して確認しながら書かせる

こんな支援を

「声に出して確認しながら書かせる」

「虫」の練習	「ツ」の練習
①「たて」②「よこかっくん」③「よことじ」④「たてなが」⑤「ななめ」⑥「ちょん」	①「上から」②「上から」③「上から」

参考情報

☆市販教材
『下村式　となえてかく漢字練習ノート 改訂2版』
下村 昇 / 著、偕成社 / 刊、
小学校 1 年〜 2 年 /880 円（税込）
小学校 3 年〜 6 年 /990 円（税込）
40 年間にわたり読みつがれている漢字学習のベストセラー・下村式「となえて おぼえる 漢字の本」のドリル版。小学校の新しい学習指導要領に準拠した改訂2版。

9 国語 書字に関して

目からの情報
処理の困難

こんな時 こんな子どもに

「書字」
● 文字の形をうまく作れない子
● 文字の大きさをなかなかつかめ
　ない子
● 運筆の目安（どこへ向かえばよ
　いか）が立ちにくい子
● 書字の苦手意識がある子

こんな支援を → ガイドになる点を打っておく

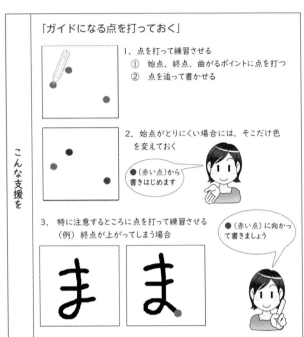

「ガイドになる点を打っておく」

1. 点を打って練習させる
　① 始点、終点、曲がるポイントに点を打つ
　② 点を追って書かせる

2. 始点がとりにくい場合には、そこだけ色を変えておく
　●（赤い点）から書きはじめます

3. 特に注意するところに点を打って練習させる
　（例）終点が上がってしまう場合

　●（赤い点）に向かって書きましょう

10 国語 書字に関して

目からの情報
処理の困難

こんな時 こんな子どもに

「漢字の練習で」
● 漢字の形がとれない子
● お手本が手元にあっても書き写
　すときに間違える子

こんな支援を → 蛍光ペンなど、幅広のものを使ってガイドをつける

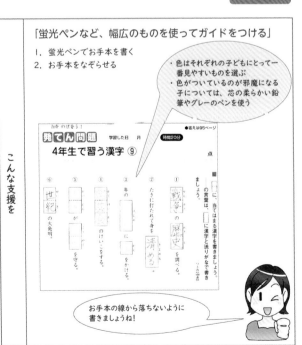

「蛍光ペンなど、幅広のものを使ってガイドをつける」

1. 蛍光ペンでお手本を書く
2. お手本をなぞらせる

・色はそれぞれの子どもにとって一番見やすいものを選ぶ
・色がついているのが邪魔になる子については、芯の柔らかい鉛筆やグレーのペンを使う

お手本の線から落ちないように書きましょうね!

11 国語 書字に関して

目 からの情報処理の困難

こんな時 こんな子どもに

「漢字」

● 漢字の細部を間違えてしまう子

● 鏡文字になってしまう子

● 通常の練習帳を使っていると、
　下に行くほど間違えてしまう子

こんな支援を

課題やお手本を大きくする

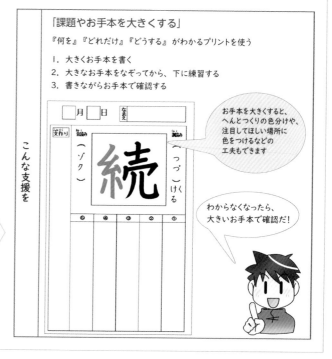

こんな支援を

「課題やお手本を大きくする」

『何を』『どれだけ』『どうする』がわかるプリントを使う

1. 大きくお手本を書く
2. 大きなお手本をなぞってから、下に練習する
3. 書きながらお手本で確認する

お手本を大きくすると、へんとつくりの色分けや、注目してほしい場所に色をつけるなどの工夫もできます

わからなくなったら、大きいお手本で確認だ!

---

12 国語 書字に関して

目 からの情報処理の困難　耳 からの情報処理の困難

こんな時 こんな子どもに

「ひらがな」

● 文字の読みが定着していない子

● 文字の書き方がわからない子

こんな支援を

50音表を手元に置いて確認する

● 関連するワークシート
12 ひらがなかくにんシート

こんな支援を

「50音表を手元に置いて確認する」

1. 「あ・い・う・え・お」順で文字の読み方を確認させる

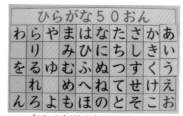

ひらがな５０おん

わ	ら	や	ま	は	な	た	さ	か	あ
	り		み	ひ	に	ち	し	き	い
を	る	ゆ	む	ふ	ぬ	つ	す	く	う
	れ		め	へ	ね	て	せ	け	え
ん	ろ	よ	も	ほ	の	と	そ	こ	お

「12_ひらがなかくにんシート.pdf」
ワークシートに、切り取りに便利なシートです

2. シートを2枚印刷し、1枚はそのまま50音表として使い、もう1枚は1文字ずつ切り取り、シートの同じ文字のところに置いていきます

この字は・・・
「さ」「し」「す」「せ」「そ」の「せ」だ!

80

13 国語 書字に関して

 こんな時 こんな子どもに

「ひらがな」

● 文字の読みが定着していない子

● 文字の想起に時間がかかる子

こんな支援を
50音表で確認しながら
書き込めるプリント

こんな支援を

「50音表で確認しながら書き込めるプリント」

50音表で書き取る文字を確認しながら書き取りをします

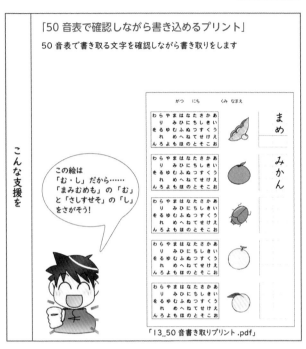

この絵は「む・し」だから……「まみむめも」の「む」と「さしすせそ」の「し」をさがそう!

「13_50音書き取りプリント .pdf」

●関連するワークシート
13 50音書き取りプリント

---

14 国語 書字に関して

 こんな時 こんな子どもに

「漢字」

● 漢字が覚えられない子

● 漢字と意味が結びつきにくい子

こんな支援を
漢字を場面の絵の中で
意味づける

こんな支援を

「漢字を場面の絵の中で意味づける」

絵と漢字をマッチングさせて、漢字の意味理解につなげる

「14_漢字マッチング .doc」

・切り取って漢字チップを作り、あてはまる所に置いていく
・慣れてきたら書き込ませる

●関連するワークシート
14 漢字マッチング

15 国語 書字に関して

目 からの情報処理の困難　推 し量ることの困難

こんな時 こんな子どもに

「漢字」
● 漢字が覚えられない子

こんな支援を

字の形を動作化する

こんな支援を

「字の形を動作化する」
絵カードに合わせて、実際に動作化させる

二人で「人」という字を作ってみましょう

参考情報

☆市販教材
『改訂版 特別支援の漢字教材 唱えて覚える漢字九九シート（初級・中級・上級）』　学研教育みらい／刊
（初級）11,000円（税込），
（中級・上級）13,200円（税込）
「のんきに、一ぴき、ロバくんは右へ」のように、各学年で学習する漢字を、九九を唱えるようにして、漢字の形と書き順を覚えられる。
初級は1〜2年、中級は3〜4年、上級は5〜6年の全配当漢字の漢字シートを収録。

---

16 国語 書字に関して

目 からの情報処理の困難

こんな時 こんな子どもに

「漢字」
● 画数の多い漢字が覚えられない子
● 鏡文字になる子
● 複写が苦手な子

こんな支援を

既習漢字のカードを組み合わせて確認する

こんな支援を

「既習漢字のカードを組み合わせて確認する」

1. 覚えている漢字をパーツカードにする

透明ボードに書いて、重ねたときに見えるようにしておきます

2. 組み合わせて、いろいろな漢字を作る

3.「漢字のたし算プリント」で練習する

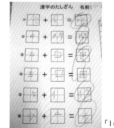

ええと、「日」と「十」で…

● 関連するワークシート
16 漢字たし算プリント

「16_漢字たし算プリント.doc」の活用例

17 国語 書字に関して

 目 からの情報処理の困難

 こんな時 こんな子どもに

「書字」

● （書き順を色で示したとき）書き順と色の関係がわかっていない子

こんな支援を **『書き順の色シート』を使う**

こんな支援を

「『書き順の色シート』を使う」

書き順の色シートを手元に置き、黒板に示された漢字の色と対応させて書き順を確認させる

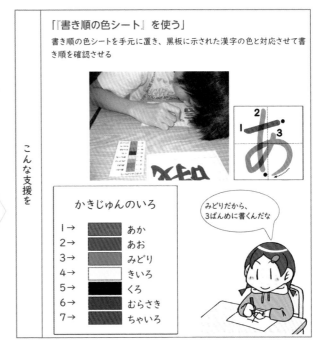

かきじゅんのいろ

1→		あか
2→		あお
3→		みどり
4→		きいろ
5→		くろ
6→		むらさき
7→		ちゃいろ

みどりだから、3ばんめに書くんだな

18 国語 書字に関して

耳 からの情報処理の困難

 こんな時 こんな子どもに

「漢字」

● 漢字の定着が進まない子

● 文章の中で漢字が使えない子

こんな支援を **よく使う漢字をカードにする**

こんな支援を

「よく使う漢字をカードにする」

・「18_日記で漢字名人カード.pdf」を参考に、よく使う漢字をまとめた「日記で漢字名人カード」を作る

・日記を書く際に、カードで、よく使う漢字を確認しながら書くことで、定着を図る

☆日記で漢字名人「こうした①」たしかめよう・

○ 遊ぶ・遊びました	○ 楽しい・楽しかったです	○ 言う・言いました	○ 来る・来ました	○ 行く・行きました	○ 考える・考えました	○ 思う・思いました

「18_日記で漢字名人カード.pdf」

このワークシートを参考にしながら、よく日記で使う字について話し合う

「位置・様子」「いつ」「だれが」「学校」「部活など」「数字・日付」「どうした」「どこで」のそれぞれのカテゴリーでよく使う漢字をカードにまとめる

「18_日記で漢字名人カード.pdf」をノートのようにとじたり（左）、ノートに貼ったり（右）して利用

● 関連するワークシート
18 日記で漢字名人カード

19 国語 ことばのルールに関して

耳 からの情報
処理の困難

こんな時 こんな子どもに

「拗音」
- 拗音の表記が定着しない子
- 拗音の書き落としが多い子

こんな支援を

拗音体操をする
ちびっこ
『や・ゆ・よ』体操で
最後の音を意識化

●関連するワークシート
19 a拗音体操

こんな支援を

拗音体操をする
「ちびっこ『やゅよ』体操で最後の音を意識化」
1. 「や（あたま）」「ゆ（うで）」「よ（おなか）」の母音で動作化
2. 「きゃ・きゅ・きょ」とかけ声に合わせて手の位置を動かす
3. のばすとどの音が残るかを聞き分けて動作で示す練習をする

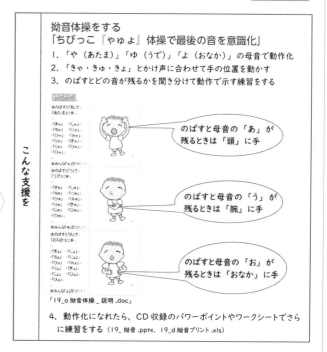

のばすと母音の「あ」が
残るときは「頭」に手

のばすと母音の「う」が
残るときは「腕」に手

のばすと母音の「お」が
残るときは「おなか」に手

「19_a拗音体操＿説明.doc」
4. 動作化になれたら、CD収録のパワーポイントやワークシートでさらに練習をする（19_拗音.pptx、19_d拗音プリント.xls）

20 国語 ことばのルールに関して

耳 からの情報
処理の困難

こんな時 こんな子どもに

「拗音」
- 拗音の表記が定着しない子
- 拗音の書き落としが多い子

こんな支援を

拗音の残る音が
意識できる表を使う

●関連するワークシート
20 拗音シート

こんな支援を

「拗音の残る音が意識できる表を使う」
1. どれかわからなくなったときに見て思い出させる
2. 机間指導の際に、表を使って説明する
3. 同じものを拡大印刷し、教室に提示して使う
4. 日記の宿題と一緒に持ち帰らせて、文章を書くときに確認させる

どの音が残るのか
を横軸で確認で
きるようにします。
ワークシートにこの
「拗音シート」が
ついています

最後の音をのば
した母音で動作
化し、音の弁別
の力を高めます

20_拗音シート.xls

84

21 国語 ことばのルールに関して

耳 からの情報処理の困難

こんな時 こんな子どもに

「長音」

●伸ばす音の表記が「う」か「お」かで混乱している子

こんな支援を 長音を『お』と表記する代表的な言葉を絵で示して掲示する

●関連するワークシート
21 a長音ルール
21 b長音ルール

こんな支援を

「長音を『お』と表記する代表的な言葉を絵で示して掲示する」
1. 提示を見て確認する
2. 一つの場面として表示することで、思い出すときの手立てとする

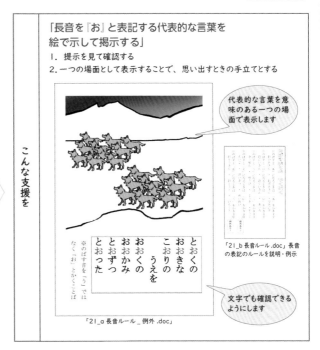

代表的な言葉を意味のある一つの場面で表示します

「21_b 長音ルール.doc」長音の表記のルールを説明・例示

とおくの
おおきな
こおりの
うえを
おおくの
おおかみ
とおずつ
とおった

※のばす音を「う」ではなく「お」とかくことば

「21_a 長音ルール_例外.doc」

文字でも確認できるようにします

22 国語 ことばのルールに関して

目 からの情報処理の困難　推 し量ることの困難

こんな時 こんな子どもに

「助詞『は・へ・を』」

●変化する助詞の書き方が定着しない子

こんな支援を 助詞の読み換えのルールを示したシートを使う

●関連するワークシート
22 助詞変化のルール

こんな支援を

「助詞の読み換えのルールを示したシートを使う」
1. どちらかわからなくなったときに見て思い出させる
2. 机間指導の際に、表を使って説明する
3. 日記の宿題と一緒に持ち帰らせて、文章を書くときに確認させる

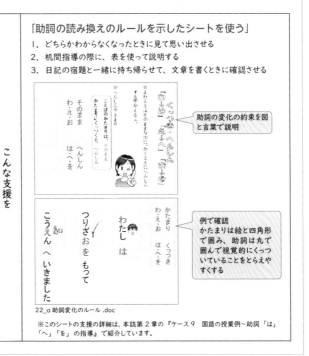

助詞の変化の約束を図と言葉で説明

例で確認
かたまりは絵と四角形で囲み、助詞は丸で囲んで視覚的にくっついていることをとらえやすくする

22_a 助詞変化のルール.doc

※このシートの支援の詳細は、本誌第2章の『ケース9　国語の授業例～助詞「は」「へ」「を」の指導』で紹介しています。

国語 作文のルールに関して

目 からの情報処理の困難　推 し量ることの困難

こんな時 こんな子どもに

「作文」

● 「、」や「。」の付け方がわからない子
● 書きはじめのきまりがわからない子
● 小さく書く字の場所がわからない子
● 会話の文には「 」を付けることがわからない子

こんな支援を
作文用紙の使い方お助けシートを使う

● 関連するワークシート
23 作文用紙の使い方

こんな支援を

「作文用紙の使い方お助けシートを使う」

1. 書き間違いがあったときに「お助けシート」を提示しながら説明する
2. 書き直しをするとき「お助けシート」を手元に置き、確認しながら書かせる

「作文用紙の使い方」お助けシート 1

かきはじめは、1マスあけます。

「作文用紙の使い方」お助けシート 2

「　」は、1マスつかいます。　。は、このばしょにかきます。

「23_b 作文用紙の使い方 (2).doc」

このファイルは 6 ページ構成で、1 ページに一つずつ、「作文用紙の使い方」のポイントが書かれています。
また、それらのポイントを 1 ページにまとめた「23_a 作文用紙の使い方 (1).doc」も用意しました

算数 数に関して

耳 からの情報処理の困難

こんな時 こんな子どもに

「数字」

● 1や2を「いち」「に」と読めない子
● 数字の読み方を覚えられない子
● 数字の読み方をすぐに忘れて思い出せない子

こんな支援を
『すうじの歌』の絵カードと数字をマッチング

こんな支援を

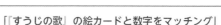
「『すうじの歌』の絵カードと数字をマッチング」

1. 「すうじの歌」を歌って覚えさせる（算数・音楽などで）

2. 歌に合わせた絵カードと数字カードを作り、歌に合わせてマッチングさせる

すうじの8は なーに
たなのだるま

すうじの9は なーに
おたまじゃくし

すうじの1は なーに
工場のえんとつ

すうじの2は なーに
お池のがちょう

すうじの3は なーに
赤ちゃんのお耳

25 算数 数に関して

耳 からの情報処理の困難　推 し量ること の困難

こんな時 こんな子どもに

「10の合成と分解」の指導

● 10の合成と分解が定着しない子

● くり上がりのたし算やくり下がりの
　ひき算で、暗算ができない子

こんな支援を

歌いながら指を折り、動作化

● 関連するワークシート
25 10の仲良しさん

こんな支援を

「歌いながら指を折り、動作化」

「10のなかよしさん」を「じゃんけんぽん」（橋本祥路 作曲）の節で
歌いながら指を折って 10 の合成と分解を覚えさせる

  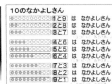

10のなかよしさん
1と9 は なかよしさん
2と8 は なかよしさん
3と7 は なかよしさん
4と6 は なかよしさん
5と5 は なかよしさん
6と4 は なかよしさん
7と3 は なかよしさん
8と2 は なかよしさん
9と1 は なかよしさん

「25_10の仲良しさん＿歌詞.doc」
教室に掲示して、いつでも確認できる
ようにしておきます

26 算数 数に関して

耳 からの情報処理の困難　推 し量ること の困難

こんな時 こんな子どもに

「10の合成と分解」の指導

● 10の合成と分解が定着しない子

● 指示の聞き落としが多い子

● くり上がりのたし算やくり下がりの
　ひき算で、暗算ができない子

こんな支援を

10の合成と分解を
数字とドット図で確認
できるシートを使う

● 関連するワークシート
26 10の合成・分解カード

こんな支援を

「10 の合成と分解を数字とドット図で確認できるシートを使う」

1. 手元で確認しながら使う
2. 同じものを拡大印刷し、教室に提示して使う
3. 机間指導の際に、シートを使って説明する
4. 計算の宿題と一緒に持ち帰って確認させる

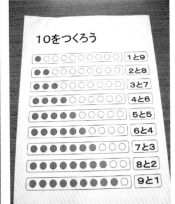

「26_10 の合成・分解カード.doc」
図と数字で 10 の合成と分解を提示することができる

耳 からの情報処理の困難 ｜ 推 し量ることの困難

こんな時 こんな子どもに

「数字」
● 数字の書き方を思い出せない子
● 数字の読み方がわからない子
● 数字を量としてとらえられない子

こんな支援を

数字の『読み方』『書き方』『ドット図』が対応した表を使う

● 関連するワークシート
27 数字の読み方書き方ドット図

こんな支援を

「数字の『読み方』『書き方』『ドット図』が対応した表を使う」
1. 数字とその読み方とその数を図示したものが一覧できる表を印刷し、机に貼るなどして（下の写真参照）、いつでも確認できるようにしておく（CD には「27_数字の読み方書き方ドット図.pdf」を収録しています）
2. 書き方を忘れたとき、表を見て思い出させる
3. 書き方に戸惑ったとき、表で確かめる
4. 読み方に自信がないとき、表で確認する
5. 机間指導の際に、表を使って説明する

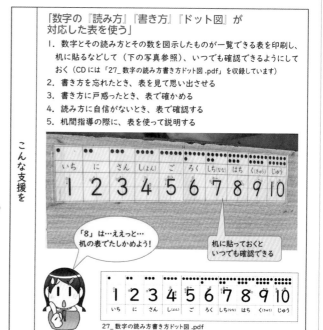

「8」は…ええっと…机の表でたしかめよう！

机に貼っておくといつでも確認できる

27_数字の読み方書き方ドット図 .pdf

動 きの困難

こんな時 こんな子どもに

「ものさし」
● 「押さえながら書く」という二つの動作が一緒にできない子
● 線を引いている途中で、ものさしがずれてしまう子
● 不器用な子

こんな支援を

ずれにくいものさしセットを使う

こんな支援を

「ずれにくいものさしセットを使う」
ものさしの裏にマグネットシートを貼りつけ、ステンレスシートを貼った下敷きの上で使うと、磁力でものさしがずれにくくなります

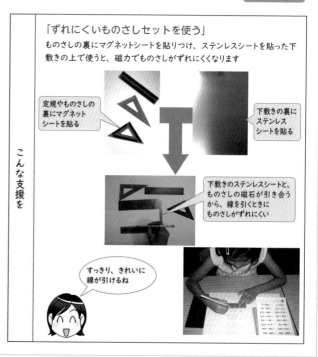

定規やものさしの裏にマグネットシートを貼る

下敷きの裏にステンレスシートを貼る

下敷きのステンレスシートと、ものさしの磁石が引き合うから、線を引くときにものさしがずれにくい

すっきり、きれいに線が引けるね

29 算数 操作に関して

動 きの困難

 こんな時 こんな子どもに

「三角定規」

● 「押さえながら書く」という二つの動作が一緒にできない子

● 線を引いている途中で、ものさしがずれてしまう子

● 不器用な子

こんな支援を

厚さがあってずれない定規を使う

こんな支援を

「厚さがあってずれない定規を使う」

1. 厚さがあるアクリル板を三角定規の各辺の1cm内側に貼りつける
2. アクリル板でできた三角定規の溝に一辺を組み合わせると、固定されて直角がずれない。上下に動かすこともできる

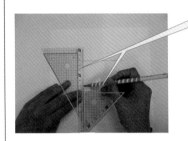

三角定規の各辺の内側にアクリル板を貼り付け、溝を組み合わせるとずれにくい

直角や平行線を書くときにずれにくくなります

30 算数 操作に関して

動 きの困難

 こんな時 こんな子どもに

「100玉そろばん」

● 数詞と具体物の対応が悪い子

● 道具の操作がぎこちない子

こんな支援を

扱いやすい半具体物を使う

こんな支援を

「扱いやすい半具体物を使う」

・10のかたまりが意識しやすい
・質感があり、操作しやすい
・数図ブロックやおはじきや数え棒のようにばらばらにならない

教授用カラー20玉そろばん

教授用カラー100玉そろばん

抽象的な数を半具体物である珠で表現。2色の珠で、5や10の分解・合成も学ぶことができる

児童用100玉そろばん「アバカス100」

☆トモエそろばん
　教授用カラー100玉そろばん　38,500円（税込）
　教授用カラー20玉そろばん　10,780円（税込）
　児童用100玉そろばん「アバカス100」2,750円（税込）

31 算数 操作に関して

こんな時 こんな子どもに

「分度器」

● 分度器のどこをそろえるのかわからなくなる子

● 細かい目盛りが正確に読めない子

こんな支援を → 一方向からの全分度器を使う

● 関連するワークシート
31 全分度器

こんな支援を

「一方向からの全分度器を使う」

全分度器の画像を透明シートに印刷し、ラミネートをかけて使う

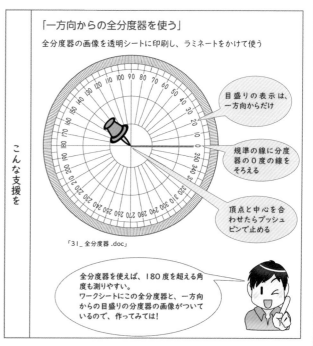

目盛りの表示は、一方向からだけ

規準の線に分度器の0度の線をそろえる

頂点と中心を合わせたらプッシュピンで止める

「31_全分度器.doc」

全分度器を使えば、180度を超える角度も測りやすい。
ワークシートにこの全分度器と、一方向からの目盛りの分度器の画像がついているので、作ってみては!

---

32 算数 操作に関して

こんな時 こんな子どもに

「三角形」

● 書き方がわからない子

・書く順番

・道具（定規、コンパスなど）の使い方がわからない

こんな支援を → 手順表を使って順番に書かせる

● 関連するワークシート
32 a三角形の書き方
32 b分度器の使い方（1）（2）
32 c物ものさしの使い方（1）（2）

こんな支援を

「手順表を使って順番に書かせる」

1. カードを読む
2. 書いてある指示にしたがって書かせる
3. 最後のカードの指示ができると三角形が完成

①コンパスのはばをはかる。

印刷して各カードを切り離し、カードリングでとじて、いつでも手順を確認できるようにしておく
※写真は三角形の書き方のカード

1. 底辺を引く。

1-① スタートの点をうつ。

1-② じょうぎで ゴールをきめる。

1-③ じょうぎで 底辺を引く。

「32_a 三角形の書き方_.doc」
カードに書かれた指示にしたがっていくと、三角形を書くことができる
※その他に、「分度器の使い方」、「ものさしの使い方」のカードを収録

33 算数 計算に関して

目 からの情報処理の困難

 こんな時 こんな子どもに

「かけ算の筆算」
- 筆算の桁がずれてしまう子
- 繰り上がりを忘れてしまう子
- 計算の結果を書く場所がわからなくなる子
- 繰り上がった数を小さく書けないために計算が混乱する子

こんな支援を
書く場所がわかる
かけ算筆算シートを使う

●関連するワークシート
33 かけ算 筆算シート

こんな支援を

「書く場所がわかるかけ算筆算シートを使う」
ホワイトボード用マーカーで書き込んで使う

繰り上がりを書くスペースがあらかじめ区切ってあるシートをラミネートして使う。
2桁をかける計算用は、「黄色のかける数をかけた答えは黄色いスペースに書く」というふうに、場所を色分けすることで混乱を軽減する

※ 掲載写真はいずれも、「33_かけ算_筆算シート(1)(2).xls」を印刷し、ラミネート加工し、穴を開けて、カードリング等で綴じたものです。

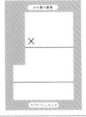
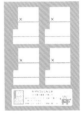

「カイケツしたじき　かけ算の筆算」　エルピス・ワン
https://elselect.base.shop

34 算数 計算に関して

目 からの情報処理の困難

 こんな時 こんな子どもに

「わり算の筆算」
- 筆算の桁がずれてしまう子
- 書く場所がわからなくなる子

こんな支援を
書く場所がわかる
わり算筆算シートを使う

●関連するワークシート
34 わり算 筆算シート

こんな支援を

「書く場所がわかるわり算筆算シートを使う」

1. 同じものを拡大して作り、黒板に貼って使う

2. ラミネートしたものは、ホワイトボード用マーカーで書き込む

場所で色分け
黄色の場所に
たった数の積は
黄色の場所に書く

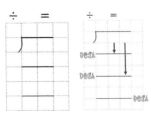
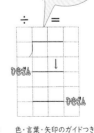

枠と棒を書いたシート　　言葉・矢印のガイドつき　　色・言葉・矢印のガイドつき

「34_わり算_筆算シート.xls」には、上に示した3種類のシートがあります

91

35 算数 計算に関して

耳 からの情報
処理の困難

 こんな時 こんな子どもに

「九九」

● 九九の暗唱ができない子

こんな支援を

子どもにとって
使いやすい九九の表を
使う

● 関連するワークシート
35 九九表・ガイドつき

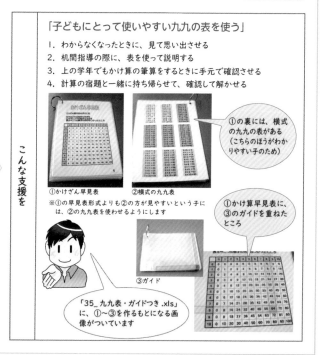

こんな支援を

「子どもにとって使いやすい九九の表を使う」

1. わからなくなったときに、見て思い出させる
2. 机間指導の際に、表を使って説明する
3. 上の学年でもかけ算の筆算をするときに手元で確認させる
4. 計算の宿題と一緒に持ち帰らせて、確認して解かせる

①かけざん早見表

②横式の九九表

※①の早見表形式よりも②の方が見やすいという子には、②の九九表を使わせるようにします

①の裏には、横式の九九の表がある（こちらのほうがわかりやすい子のため）

①かけ算早見表に、③のガイドを重ねたところ

③ガイド

「35_九九表・ガイドつき.xls」に、①～③を作るもとになる画像がついています

---

36 算数 計算に関して

目 からの情報
処理の困難

 こんな時 こんな子どもに

「繰り上がりのあるたし算の筆算」

● 繰り上がりを忘れてしまう子
● 繰り上がりの数のどれとどれを
　合わせたらよいのか混乱する子

こんな支援を

書く場所がわかる
たし算シートを使う

● 関連するワークシート
36 たし算 筆算シート

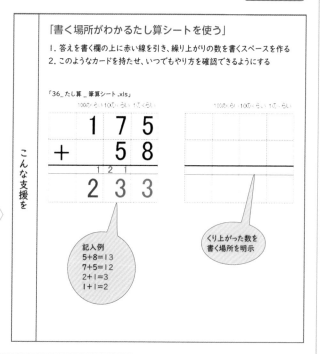

こんな支援を

「書く場所がわかるたし算シートを使う」

1. 答えを書く欄の上に赤い線を引き、繰り上がりの数を書くスペースを作る
2. このようなカードを持たせ、いつでもやり方を確認できるようにする

「36_たし算_筆算シート.xls」

記入例
5+8=13
7+5=12
2+1=3
1+1=2

くり上がった数を
書く場所を明示

37 算数 意味理解に関して

 目 からの情報 処理の困難

 こんな時 こんな子どもに

「大きな数」の読み方・書き方で

● 大きな数の読み方がわからない子

● 漢字で書かれた数を数字に直せない子

● 数字で書かれた数を漢字に直せない子

こんな支援を
位に合わせて書く
場所が意識できる
位取り表を使う

●関連するワークシート
37 位取り表

こんな支援を

「位に合わせて書く場所が意識できる位取り表を使う」

1. 数字を書き込ませて、上の漢字を手がかりに読ませる

2. 漢字で書かれた数を、位取り表を対応させて、数字に直させる

3. 数字を書き込ませて、上の漢字を手がかりに、漢字に直させる

兆の位				億の位				万の位				千の位	百の位	十の位	一の位
千	百	十	一	千	百	十	一	千	百	十	一	千	百	十	一
			兆				億				万				

37_ 位取り表 .xls

 数字を読む、漢字を数字に直す、数字を漢字に直す、といった練習ができます

38 算数 意味理解に関して

目 からの情報 処理の困難 推 し量ること の困難

 こんな時 こんな子どもに

「分数の換算」

● 帯分数が仮分数に直せない子

● 計算の途中で混乱してしまう子

こんな支援を
計算の手順が示された
分数の換算シートを
使う

●関連するワークシート
38 分数 換算シート

こんな支援を

「計算の手順が示された分数の換算シートを使う」

1. ホワイトボード用マーカーで書き込んで使う

2. 計算の手順を確認する

3. 子どもの実態に応じて、A・Bシートを使い分ける

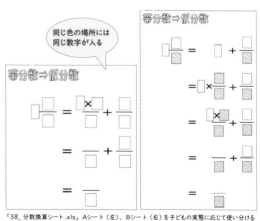

「38_ 分数換算シート .xls」 Aシート（左）、Bシート（右）を子どもの実態に応じて使い分ける

39 算数 意味理解に関して

 こんな時 こんな子どもに

「おつりの計算」

● お金の関係がわからなくなって、立式できない子

● 筆算に書き直すときに場所を間違ってしまう子

こんな支援を
数字の意味が確認できるおつり計算シートを使う

●関連するワークシート
39 お買い物名人シート

こんな支援を

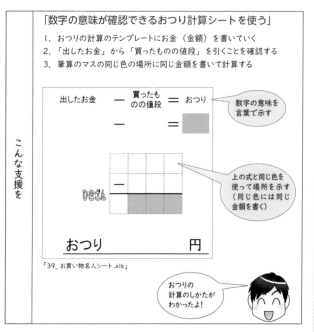

「数字の意味が確認できるおつり計算シートを使う」
1. おつりの計算のテンプレートにお金（金額）を書いていく
2. 「出したお金」から「買ったものの値段」を引くことを確認する
3. 筆算のマスの同じ色の場所に同じ金額を書いて計算する

出したお金 － 買ったものの値段 ＝ おつり

（数字の意味を言葉で示す）

（上の式と同じ色を使って場所を示す（同じ色には同じ金額を書く））

ひきざん

おつり　　　　　　　　円

「39_ お買い物名人シート .xls」

（おつりの計算のしかたがわかったよ！）

---

40 算数 意味理解に関して

 こんな時 こんな子どもに

「九九」

● 九九の覚えられない子

● 「□こずつ増える」という意味の理解が不十分な子

こんな支援を
九九の意味を操作を通して確認する

●関連するワークシート
40 かけ算わかるぞシート

こんな支援を

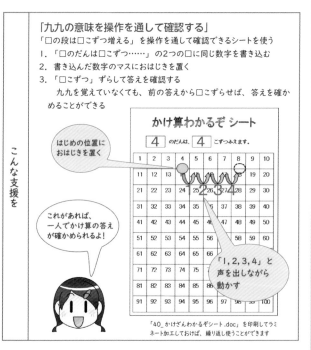

「九九の意味を操作を通して確認する」
「□の段は□こずつ増える」を操作を通して確認できるシートを使う
1. 「□のだんは□こずつ……」の2つの□に同じ数字を書き込む
2. 書き込んだ数字のマスにおはじきを置く
3. 「□こずつ」ずらして答えを確認する
　九九を覚えていなくても、前の答えから□こずらせば、答えを確かめることができる

かけ算わかるぞ シート

4 のだんは、 4 こずつふえます.

（はじめの位置におはじきを置く）

（これがあれば、一人でかけ算の答えが確かめられるよ！）

（「1, 2, 3, 4」と声を出しながら動かす）

「40_ かけざんわかるぞシート .doc」を印刷してラミネート加工しておけば、繰り返し使うことができます

41 算数 意味理解に関して

耳 からの情報処理の困難

 こんな時 こんな子どもに

「分数の種類」

● 分数の名前が覚えられない子
● 分数の名前が混乱している子

こんな支援を 意味を絵で示した カードを使う

こんな支援を

「意味を絵で示したカードを使う」

「絵」と「語呂合わせ」で思い出しやすくする

真分数

小

大

| 1 4 | 6 7 | 2 5 |

おしりが大きい
洋ナシ しんぶんすう 真分数

「41_語呂合わせ分数.doc」の真分数のカード

これは何分数だったっけ？

下が大きいのは洋ナシの形だから…洋ナシんぶんすうだった！

●関連するワークシート
41 語呂合わせ分数

---

42 算数 意味理解に関して

推 し量ることの困難

 こんな時 こんな子どもに

「かけ算の意味」の指導

● かけ算九九は唱えられるが、九九の意味がわからない

こんな支援を 具体物の操作を通して 『いくつ（何こ）ずつ』 『いくつ（何個）分』の 意味を確認する

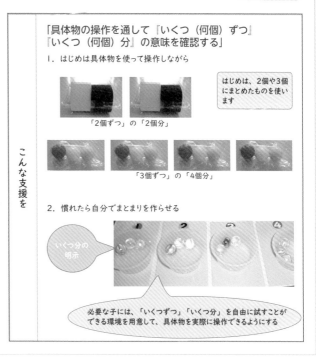

こんな支援を

「具体物の操作を通して『いくつ（何個）ずつ』
『いくつ（何個）分』の意味を確認する」

1. はじめは具体物を使って操作しながら

はじめは、2個や3個にまとめたものを使います

「2個ずつ」の「2個分」

「3個ずつ」の「4個分」

2. 慣れたら自分でまとまりを作らせる

いくつ分の明示

必要な子には、「いくつずつ」「いくつ分」を自由に試すことができる環境を用意して、具体物を実際に操作できるようにする

43 算数 意味理解に関して

こんな時 こんな子どもに

「正方形・長方形の面積」

● 公式の意味がわからない子
● 解き方を忘れてしまう子

こんな支援を

公式や解き方を
確認できるシートを使う
（面積の意味を図で示す）

● 関連するワークシート
43 面積説明カード

こんな支援を

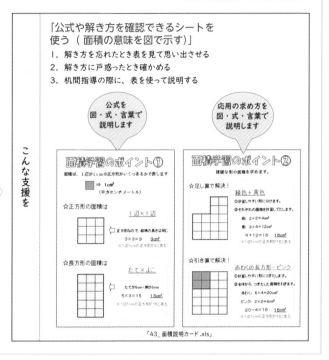

「公式や解き方を確認できるシートを
使う（面積の意味を図で示す）」

1. 解き方を忘れたとき表を見て思い出させる
2. 解き方に戸惑ったとき確かめる
3. 机間指導の際に、表を使って説明する

「43_面積説明カード.xls」

44 算数 意味理解に関して

こんな時 こんな子どもに

「場面把握」

● 周囲の状況を総合的に把握する
のが苦手な子
● 聞いても情景がイメージできな
い子
● 読んでの意味理解が苦手な子

こんな支援を

情景を、
絵や図で表して
イメージを助ける

● 関連するワークシート
44 1年算数 ふえる 情景図

こんな支援を

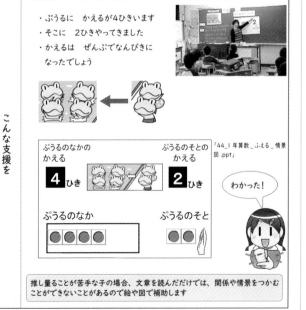

「情景を、絵や図で表してイメージを助ける」

・ぷうるに　かえるが4ひきいます
・そこに　2ひきやってきました
・かえるは　ぜんぶでなんびきに
なったでしょう

「44_1年算数_ふえる_情景
図.ppt」

わかった！

推し量ることが苦手な子の場合、文章を読んだだけでは、関係や情景をつかむ
ことができないことがあるので絵や図で補助します

45 算数 意味理解に関して

推 し量ること の困難

こんな時 こんな子どもに

「九九」

● 九九の意味がわからない子

こんな支援を

絵で九九の意味を示したシートを使う

こんな支援を

「絵で九九の意味を示したシートを使う」
「九九のしくみシート」を手元に置いておき、「何が」「いくつ分」をいつでも絵で確認できるようにしておく

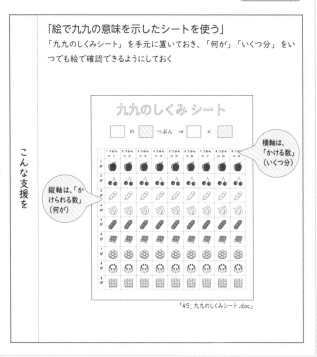

「45_九九のしくみシート.doc」

● 関連するワークシート
45 九九のしくみシート

46 算数 意味理解に関して

耳 からの情報 処理の困難

こんな時 こんな子どもに

「分数の名前」

● 分数の名前が覚えられない子
● 分数の名前が混乱している子

こんな支援を

分数の分子と分母の関係を図と大小の文字で示したシートを使う

こんな支援を

「分数の分子と分母の関係を図と大小の文字で示したシートを使う」
シートを手元に置いて確認させる

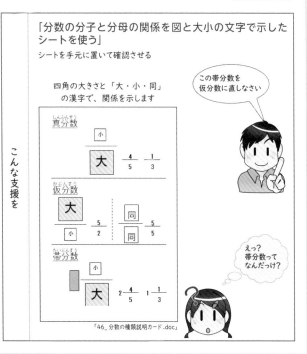

「46_分数の種類説明カード.doc」

● 関連するワークシート
46 分数の種類説明カード

97

47 算数 その他

 こんな時 こんな子どもに

「筆算の計算で」

●ノートのどこから書いて良いか
わからなくなる子

こんな支援を

書く場所の
スケールとして透明の
穴あきシートを使う

こんな支援を

「書く場所のスケールとして透明の穴あきシートを使う」

透明の穴あきシートを使って、①～④の指示をして、何をどこに書いたら
良いのかをわからせる

① 　　　の線を、ノートの縦と横の線に合わせます
② 赤色の□のなかに、問題の番号を書きます
③ 緑色の□のなかに、計算の記号（＋－×）を書きます
④ 青色の線の所に、線を書きます

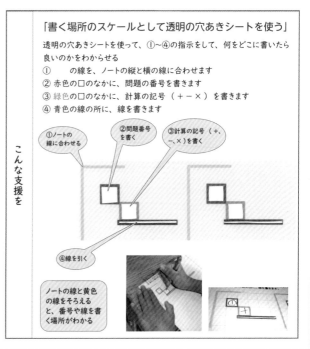

①ノートの線に合わせる
②問題番号を書く
③計算の記号（＋、－、×）を書く
④線を引く

ノートの線と黄色の線をそろえると、番号や線を書く場所がわかる

48 算数 その他

 こんな時 こんな子どもに

「ドリル」

●どの問題をするのかわからなく
なる子
●写し間違いの多い子
●気が散りやすい子

こんな支援を

一問だけ見えるガイド
を使う

こんな支援を

「一問だけ見えるガイドを使う」

1. 問題の大きさに合わせたガイドを用意する
2. 問題を一問解き終わるごとにずらしながら使う

注目する部分だけが見えるガイドを使い、見るべきところをはっきり示します

色画用紙を切り抜いて簡単に作れます

49 共通 課題提示に関して

目 からの情報
処理の困難

こんな時 こんな子どもに

「確認しやすい提示」での指導

● 板書を写すのが苦手な子

● ノートのどこに書いて良いかわからない子

● ノートのどこから書きはじめるのかわからない子

こんな支援を
ノートと同じ構成の黒板を使う

こんな支援を

「ノートと同じ構成の黒板を使う」

マス目の数、行の数を合わせて、小黒板をノートに見立てる

ノートの1の数字の下に、ページ数を書きます

そうか！ 1の下に「24」と書けばいいんだね

---

50 共通 課題提示に関して

目 からの情報
処理の困難

こんな時 こんな子どもに

「確認しやすい提示」

● 黒板を写すのが苦手な子

● どこに書いて良いかわからない子

● 気が散りやすい子

こんな支援を
黒板の提示と手元の課題を同じ形式にする

こんな支援を

「黒板の提示と手元の課題を同じ形式にする」

課題提示と同じ形式のプリントを用意する

さんすうプリント なまえ（　　　）

かきが □こ なっています。
□こ　とると
なんこ　のこりますか

黒板と同じ所に書けばいいんだね！

51 共通 課題提示に関して

 からの情報処理の困難

 こんな時 こんな子どもに

「確認しやすい提示」

● どこを見れば良いかわからなくなる子
● 今何をしているのかわからなくなる子
● 気が散りやすい子

こんな支援を

ドリルやプリントを拡大コピーして提示する

こんな支援を

「ドリルやプリントを拡大コピーして提示する」

1. ドリルやプリントの拡大コピーを用意する
2. 補助黒板に貼るなどして、必要なときに提示する
3. それを指し示しながら説明すると、「どこで」「どんなことを」するのかの指示がわかりやすくなる
4. 拡大した用紙に直接書き込みながら授業を進め、それを次の時間に提示し、「前時の振り返り」に利用することも可能

直接書き込んだものを見ることで、前時のことが思い出しやすくなる効果も

今、ここの問題をしています（マークで提示）

昨日の勉強を思い出してみよう！

---

52 共通 課題提示に関して

耳 からの情報処理の困難 ／ 推 し量ることの困難

 こんな時 こんな子どもに

「意味理解」

● 算数の文章題の場面把握ができにくい子

こんな支援を

動作化で場面把握

こんな支援を

「動作化で場面把握」

1. 場面把握の際は、問題を劇にするなど動作化して理解させる
2. 友達の動作を見ることで理解させる

はじめにかえるが4ひきいてあとから2ひきがやってきたんだな

▲シート44と同じ問題を動作化している

おともだちがするのを見ているとかえるさんの動きがよくわかるよ

53 共通 課題提示に関して

耳 からの情報処理の困難　衝 動性の困難

こんな時 こんな子どもに

「注意喚起」
- どこに注目して良いかわからない子
- 集中が続かない子
- 気が散りやすい子

こんな支援を | 注目すべきところにマークを付ける

こんな支援を

「注目すべきところにマークをつける」
どこに注目すれば良いのかがひと目でわかるようにする

「子どもの好きな物で興味を引く」発想
虫の好きな子なら指示棒の先に虫をつけてみては?

めあてを読むときは、「ここ見てマーク」をめあての所につける

ここを 見ます

54 共通 課題提示に関して

目 からの情報処理の困難

こんな時 こんな子どもに

「音読」
- 指示を聞いていない子
- どこを読むのかわからない子

こんな支援を | スタート地点がすぐわかるガイドを使う

こんな支援を

「スタート地点がすぐわかるガイドを使う」
1. ガイドを用意してスタート地点に貼る
2. 連絡帳やノートに貼っておくと、ページをとばさずに書ける

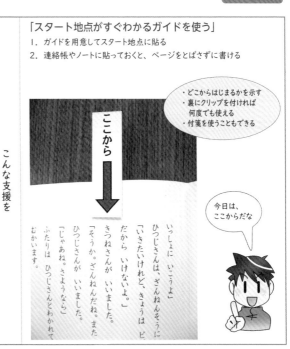

・どこからはじまるかを示す
・裏にクリップを付ければ何度でも使える
・付箋を使うこともできる

ここから

今日は、ここからだな

いっしょに いこうよ
ひつじさんは、ざんねんそうに
「いきたいけれど、きょうは ビ
だから、いけないよ。」
きつねさんが いいました。
「そうか。ざんねんだね。また
ひつじさんが いいました。
「じゃあね。さようなら」
ふたりは ひつじさんとわかれて
むかいます。

55 共通 課題提示に関して

 こんな時 こんな子どもに

「注意喚起」

● 聞き落としの多い子

● 集中が続かない子

● 気が散りやすい子

こんな支援を

興味を向けやすいものを使って提示

その子の持ち物を使って説明する

こんな支援を

興味を向けやすいものを使って提示
「その子の持ち物を使って説明する」

1. みんなに向かって説明をするとき、「あなたの道具を使ってみんなに見せてあげていいか」と聞く
2. OK であれば、「〇〇さんの習字道具でやってみせるよ」と話してから説明する

習字道具の確認をします。
Aさんの道具を貸してくれる?
こんな下じきが入っていますか?
これがすずりです。
ありますか?

自分の道具なので、注目を向けやすく、返されてからも、説明と同じものが手元にあるのでわかりやすくなります

56 共通 課題提示に関して

 こんな時 こんな子どもに

「注意喚起」

● 指示を聞いていない子

● どこをするのかわからない子

● どこを読むのかわからない子

こんな支援を

指さし確認をさせる

こんな支援を

「指さし確認をさせる」

「読むところ」「する課題」の指さしをさせる

今から、26 ページの 1 番を読みます
読むところに指をおいてください

26 ページの 1 番は…
ここだ。ここを読むんだな

102

57 共通 課題提示に関して

 目 からの情報処理の困難

 こんな時 こんな子どもに

「課題提示の工夫」

● 集中が続きにくい子
● 途中で投げ出してしまう子
● 情報量が多いと混乱する子

こんな支援を
課題提示の仕方を変える

こんな支援を

「課題提示の仕方を変える」
子どもが「やれそうだ」という見通しを持てる形式で課題を提示する

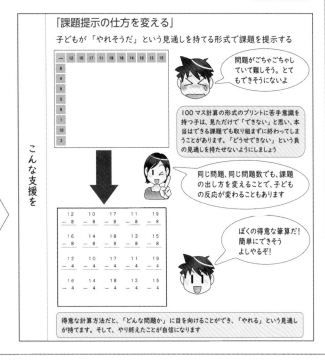

問題がごちゃごちゃしていて難しそう。とてもできそうにないよ

100マス計算の形式のプリントに苦手意識を持つ子は、見ただけで「できない」と思い、本当はできる課題でも取り組まずに終わってしまうことがあります。「どうせできない」という負の見通しを持たせないようにしましょう

同じ問題、同じ問題数でも、課題の出し方を変えることで、子どもの反応が変わることもあります

ぼくの得意な筆算だ！簡単にできそうよしやるぞ！

得意な計算方法だと、「どんな問題か」に目を向けることができ、「やれる」という見通しが持てます。そして、やり終えたことが自信になります

58 共通 課題提示に関して

 衝 動性の困難

 こんな時 こんな子どもに

「漢字テスト」

● 漢字を書くことへの苦手意識が高い子
● 「できそうだ」という見通しが持てないと取り組めない子

こんな支援を
自分で選択できる部分のあるプリントを使う

こんな支援を

「自分で選択できる部分のあるプリントを使う」
「覚えられない」という体験を繰り返すテストにしない
課題を選べる余地を持つ

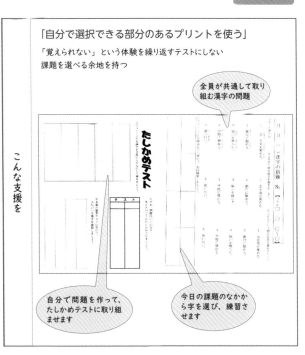

全員が共通して取り組む漢字の問題

自分で問題を作って、たしかめテストに取り組ませます

今日の課題のなかから字を選び、練習させます

59 共通 言語提示に関して

目 からの情報処理の困難　推 し量ることの困難

こんな時 こんな子どもに

「指示の理解」
●見てまねることが苦手な子

こんな支援を
伝えたい内容を具体的な言葉で説明する

こんな支援を

「伝えたい内容を具体的な言葉で説明する」

「見ればわかる」と省略せずに、一つ一つていねいに伝える

「こんなひまわりを作ってね」で終わらせずに

①はじめに、お花の種の部分を作ります
②茶色の色紙を丸く切ってね
③次は、花びらを作ります
④……
⑤……

「お手本をよく見てね」で終わらせずに

「ロ」の字は、「縦・横かっくん、横とじ」だよ

---

60 共通 言語提示に関して

耳 からの情報処理の困難　衝 動性の困難

こんな時 こんな子どもに

「注意喚起」
●聞いたことをすぐ忘れる子
●気が散りやすい子
●指示をよく聞き落とす子
●ぼうっとしている子

こんな支援を
キーワードをまず話してから指示を伝える

こんな支援を

「キーワードをまず話してから指示を伝える」

1．指示をする前に「何を聞き取れば良いのか」のキーワードを言う

これから、ゲームのチーム分けの説明をします

どう分けるのかな？

2．可能な場所であれば、キーワードを書いてから話し始める

ゲームのチーム分け
A　B

61 共通 言語提示に関して

耳 からの情報処理の困難　衝 動性の困難　推 し量ることの困難

こんな時 こんな子どもに

「指示」
- 聞いたことをすぐ忘れる子
- 気が散りやすい子
- 指示をよく聞き落とす子
- ぼうっとしている子

こんな支援を

指示は短く簡潔にする

こんな支援を

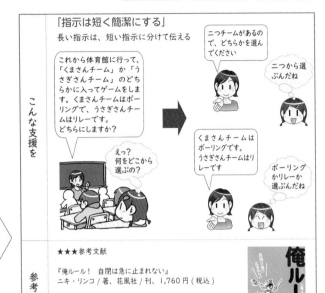

「指示は短く簡潔にする」
長い指示は、短い指示に分けて伝える

これから体育館に行って、「くまさんチーム」か「うさぎさんチーム」のどちらかに入ってゲームをします。くまさんチームはボーリングで、うさぎさんチームはリレーです。どちらにしますか？

えっ？何をどこから選ぶの？

二つチームがあるので、どちらかを選んでください

二つから選ぶんだね

くまさんチームはボーリングです。うさぎさんチームはリレーです

ボーリングかリレーか選ぶんだね

参考情報

★★★参考文献

『俺ルール！　自閉は急に止まれない』
ニキ・リンコ／著、花風社／刊、1,760円（税込）

情報の示し方で混乱が起こることが、作者自身の体験としてわかりやすく書かれている。

62 共通 言語提示に関して

耳 からの情報処理の困難

こんな時 こんな子どもに

「指示」
- 聞いたことをすぐ忘れる子
- 気が散りやすい子
- 指示をよく聞き落とす子

こんな支援を

場に応じた聞こえ方に配慮する

こんな支援を

「場に応じた聞こえ方に配慮する」
教室以外の場所では、聞こえ方にも配慮してから話し始める

体育館のように反響音がある所

「遠くへの大きな声」よりも、「近づいて低い声」が聞きやすくなります

校庭のように広い場所

・可能な伝達は事前にしておく
・指示をミニ黒板などに書いておき、いつでも指示を確認できるようにしておく
といったことにより、その場での指示を補います

63 共通 教室環境に関して

 こんな時 こんな子どもに

「座席の配慮」
● 集中が続かない子
● 気が散りやすい子

こんな支援を

特性に応じた
座席位置を考える

こんな支援を

「特性に応じた座席位置を考える」

声をかけやすい場所に

教科書
42 ページを
読みましょう

刺激の多い窓側は避ける

モデルとなる子のとなりの席に

そうか、手をあげて
先生に指されてから
発表するんだ

個別の課題をする際は、
後ろの席のほうが良いことも

課題が終わった
から、カブトムシ
の本を読もう

---

64 共通 教室環境に関して

 こんな時 こんな子どもに

「音の刺激の排除」
● 聞いたことをすぐ忘れる子
● 気が散りやすい子
● 指示をよく聞き落とす子

こんな支援を

椅子の脚に
古いテニスボールを
つける

こんな支援を

「椅子の脚に古いテニスボールをつける」
教室内での雑音を減らす

ボールに十字の切り込みを
入れ、脚に差し込めるよう
にします

65 共通 その他

 目 からの情報
処理の困難

 こんな時 こんな子どもに

「給食」

● どこに何を置くのかわからなく
なる子

● 指示の聞き落としが多い子

● 配膳された物が全部揃っている
かを確認できない子

こんな支援を

配置図を使う

こんな支援を

「配置図を使う」
決まった配置を図にして提示する

目で見てわかるように配置を図示することで、言語指示を
しなくても、そのとおりに置くことができるようにします

参考情報

★参考文献
『よくわかる！自閉症スペクトラムのための環境づ
くり―事例から学ぶ「構造化」ガイドブック』
梅永 雄二 / 著 学研プラス / 刊 2,090円(税込)

「周囲に気が散ってしまう」「指示があいまいだとわから
ない」「次の予定がわからないと不安」といった自閉
症スペクトラムの特性に配慮して、安心して自分で動け
る環境を作る「構造化」のガイドブック。

66 共通 その他

目 からの情報
処理の困難 耳 からの情報
処理の困難

 こんな時 こんな子どもに

「持ち物の確認」

● ものをどこにやったかわからな
くなる子

● 片付けの苦手な子

こんな支援を

確認表をはりつける

こんな支援を

「確認表を貼りつける」
何がいくつ入っていればいいのか、確認できるようにする

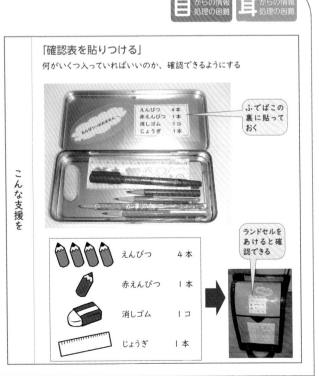

ふでばこの
裏に貼って
おく

えんぴつ　　4本
赤えんぴつ　1本
消しゴム　　1コ
じょうぎ　　1本

えんぴつ　　　　4本

赤えんぴつ　　　1本

消しゴム　　　　1コ

じょうぎ　　　　1本

ランドセルを
あけると確
認できる

67 共通 その他

 こんな時 こんな子どもに

「持ち物の確認」

● 片付けの苦手な子
● ものをどこにやったかわからなくなる子

 こんな支援を

**セットにして
クリアケースに入れる**

こんな支援を

「セットにしてクリアケースに入れる」

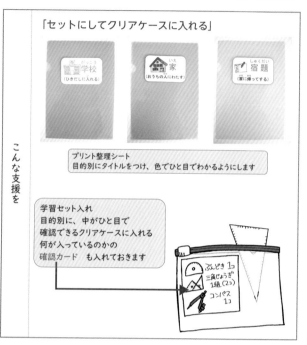

プリント整理シート
目的別にタイトルをつけ、色でひと目でわかるようにします

学習セット入れ
目的別に、中がひと目で
確認できるクリアケースに入れる
何が入っているのかの
確認カード も入れておきます

---

68 共通 その他

耳からの情報処理の困難

 こんな時 こんな子どもに

「聞き取りのスキル」

● 聞き落としの多い子
● 気が散りやすい子
● 聴写が苦手
● 忘れ物が多い

こんな支援を

**遊びの中で聞き取りや
記憶の練習をする**

こんな支援を

「遊びのなかで聞き取りや記憶の練習をする」
～スリーヒントカードで練習する～

読み札にある三つのヒントからあてはまる動物カードを探す
・よく似たカードがあり、三つのヒントを覚えていなければならない
・「三つのヒントを覚える」ことを強く意識して聞くことができる

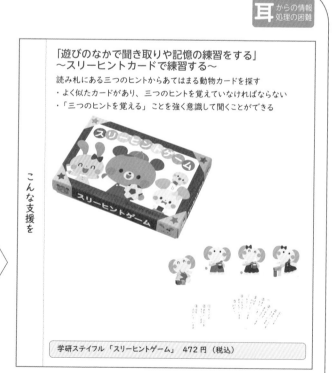

学研ステイフル「スリーヒントゲーム」 472円（税込）

69 動き 手先にかかわって

動きの困難

こんな時 こんな子どもに

「鉛筆の持ち方」の指導
- ●鉛筆が正しく持てない子
- ●筆圧がうまくかけられない子
- ●道具の操作がぎこちない子

こんな支援を

指の位置にシールをはる

こんな支援を

「指の位置にシールを貼る」

どこを指でつまむかひと目でわかるようにしておく

鉛筆を削るたびに位置が変わるので、
何度も貼ったり剥がしたりできる
シールやのりを利用します

シールのところを
指でつまんで
持ちます

---

70 動き 手先にかかわって

動きの困難

こんな時 こんな子どもに

「リボン結び」の指導
- ●リボン結びができない子
- ●細かな操作が苦手な子
- ●右と左が混乱している子
- ●不器用な子
- ●気が散りやすい子

こんな支援を

色でわかりやすく示す

こんな支援を

「色でわかりやすく示す」
1. 真んなかから色を変えたリボンを使う
2. 手順ごとに実物のお手本を並べる

これなら、
どっちがどっちだったか、
わからなくならないよ!

3. お手本と同じ色のリボンで確認しながら練習する

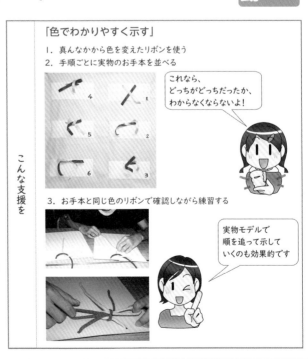

実物モデルで
順を追って示して
いくのも効果的です

こんな時 こんな子どもに

「はさみ」

● 線に沿って切れない子
● 道具の操作がぎこちない子

こんな支援を

使いやすいはさみを使う

こんな支援を

「使いやすいはさみを使う」

にぎりやすさ、力の入れやすさや使い勝手に、さまざまな工夫をしている
ものが市販されているので、合ったものを選ぶ

> にぎりやすく力が入れやすい。
> 刃のカバーもついていてけが
> を防止

> ハンドルに輪がないので指に負担が少なく、「に
> ぎりやすい」「軽く切れる」「疲れにくい」。さらに、
> 「安心・安全」も考えられている。写真のように
> 置いて使うこともできる

長谷川刃物／HARAC カバー付きはさみ「Casta」1,650 円（税込）

> その他にも、持ちやすさ、にぎりやすさや切りやすさを工夫・改良したはさ
> みが各社から発売されている

 こんな時 こんな子どもに

「鉛筆の持ち方」

● 鉛筆が正しく持てない子
● 筆圧がうまくかけられない子
● 道具の操作がぎこちない子

こんな支援を

補助具を使う

こんな支援を

「補助具を使う」

正しい持ち方をしやすい補助具を使う

> 輪ゴムによって、筆記具の上部が手に接す
> る位置を適切にする
> 輪ゴムの利用
> ☆上越教育大学 押木研究室
> 「手書き文字に関するQ&A」疲れにくい筆記具
> と持ち方を直す用具 より

> ユピックスは、「児童かきかた研究所で開
> 発された鉛筆を正しく持つための道具。指
> の間に挟んで使用するという簡単な使い方。
> 幼児用と小学生用の2種類がある。
> 有限会社ユピックス 275 円（税込）

> 市販の持ち方矯正具の利用
> ☆株式会社トンボ鉛筆
> 「もちかたくん ユピックス」385 円（税込）
> 「もちかたくん」132 円（税込）
> その他に同社からは、「おけいこえんぴつセット」528 円（税込）や「もちかたえ
> んぴつ」660 円なども発売されている

73 動き 手先にかかわって

動きの困難

こんな時 こんな子どもに

「靴」

● 靴のぬぎはきに時間がかかる子

● 道具の操作がぎこちない子

こんな支援を 履きやすい靴を使う

こんな支援を

「履きやすい靴を使う」

力が入れやすく、脱ぎ履きのしやすい靴を使う

靴ひもの代わりに面ファスナーを使ったり、かかと部分に取っ手をつけたりした脱ぎ履きがしやすく、運動中などには脱げにくい靴を使う

面ファスナーを使っていて、ひもを結ぶ時間が省ける

写真は「ニューバランス 313」4,950円~（税込）、全9色、11.0~21.5cm（ハーフサイズあり）

これだと、急いでいるときもいらいらしないよ

上の商品は21.5cmまでしか用意されていませんが、それより大きいサイズでも、面ファスナーやファスナーを使ったり、かかとに取っ手をつけたり、伸縮性の高い材質を使用したりすること等により、脱ぎ履きがしやすく、運動中には脱げにくい商品が各社から発売されています

74 動き 手先にかかわって

動きの困難

こんな時 こんな子どもに

「消しゴム」

● きれいに消せない子

● 消しゴムを使わずに、ぐちゃぐちゃにしてしまう子

● 不器用な子

こんな支援を 消しやすい消しゴムを使う

こんな支援を

「消しやすい消しゴムを使う」

「きれいに消せる」という見通しが持てるように、消しやすいものを使う

電動消しゴムなら、スイッチを入れて、消したい文字にあてれば、文字を消せる

☆プラス「電動消しゴム（電池式）」3,201円（税込）
※電動消しゴムは、製図用のものから100円ショップで手に入る身近なものまでさまざまな会社から発売されている

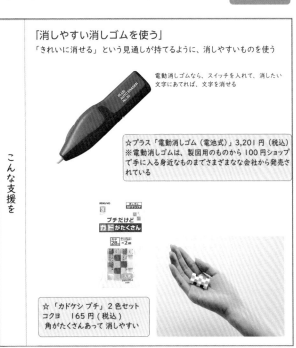

☆「カドケシ プチ」2色セット
コクヨ　165円（税込）
角がたくさんあって 消しやすい

75 動き 手先にかかわって

こんな時 こんな子どもに

「リコーダー」

● 指が思うように動かない子
● リコーダーの穴がうまく押さえられない子

こんな支援を

使いやすいリコーダーを使う

こんな支援を

「使いやすいリコーダーを使う」

☆「改造リコーダーソプラノ」
アウロス 204AF　2,100 円（税込）
トヤマ楽器製造株式会社
元々は指欠損の児童のために開発されたリコーダー。指孔を左右に移動し、調節して使用できる。児童によっては、指孔の移動で吹きやすくなる場合と、そうでない場合がある

☆ Nuvo リコーダー『Recorder+』
一つ一つの穴の上にシリコン製のキーがついているリコーダー。指先の細かい動きが苦手な子どもでも扱いやすい
オープン価格
（株）キョーリツコーポレーション

この半透明のシールがふえピタ

これならおさえやすいよ！

『リコーダー用演奏補助シール「ふえピタ」』
笛穴に貼ることで弱い力でも笛穴をふさぎやすくなる。
価格 880 円（税込）、アイディア・パーク（IDEA・PARK）

76 動き 手先にかかわって

こんな時 こんな子どもに

「えんぴつ・クーピー」

● 筆圧がうまくかけられない子
● 薄い字や力の入らない字を書く子
● 細かな操作が苦手な子
● 不器用な子

こんな支援を

芯の柔らかいえんぴつなどを使う

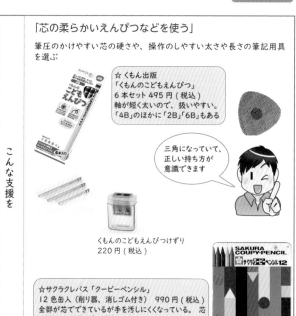

こんな支援を

「芯の柔らかいえんぴつなどを使う」

筆圧のかけやすい芯の硬さや、操作のしやすい太さや長さの筆記用具を選ぶ

☆くもん出版
「くもんのこどもえんぴつ」
6 本セット 495 円（税込）
軸が短く太いので、扱いやすい。
「4B」のほかに「2B」「6B」もある

三角になっていて、正しい持ち方が意識できます

くもんのこどもえんぴつけずり
220 円（税込）

☆サクラクレパス「クーピーペンシル」
12 色缶入（削り器、消しゴム付き）　990 円（税込）
全部が芯でできているが手を汚しにくくなっている。芯は折れにくく消しゴムで消しやすい

112

77 動き 手先にかかわって

動 きの困難

こんな時 こんな子どもに

「ホワイトボード」の利用

● 筆圧がうまくかけられない子
● 薄い字や力の入らない字を書く子
● 細かな操作が苦手な子
● 不器用な子

こんな支援を

書きやすく消しやすい
ホワイトボードを使う

こんな支援を

「書きやすく消しやすいホワイトボードを使う」
ノートや紙に書く代わりに、ホワイトボードを利用する

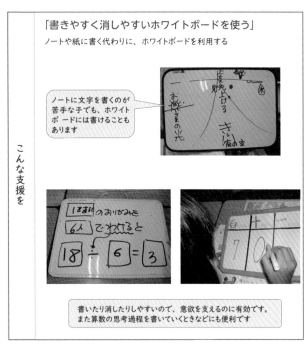

ノートに文字を書くのが
苦手な子でも、ホワイト
ボードには書けることも
あります

書いたり消したりしやすいので、意欲を支えるのに有効です。
また算数の思考過程を書いていくときなどにも便利です

78 動き 手先にかかわって

からの情報
処理の困難

こんな時 こんな子どもに

「靴」

● 靴の左右を間違える子
● 細部の見落としが多い子

こんな支援を

目印を使って
区別させる

こんな支援を

「目印を使って区別させる」
確認しやすいように、左右正しく履くと、一つの絵などになる靴を利用する

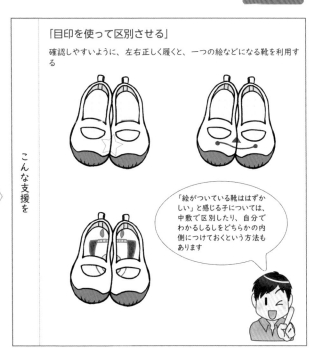

「絵がついている靴ははずかし
い」と感じる子については、
中敷で区別したり、自分で
わかるしるしをどちらかの内
側につけておくという方法も
あります

こんな時 こんな子どもに

「リズム打ち」

● リズム打ちができない子

● リズムがとれない子

● 不器用な子

こんな支援を **リズム打ちを言葉に置き換える**

 こんな時 こんな子どもに

「ジャンプ」の指導

● 自分の体の右・左がわかりにくい子

● リズム運動の苦手な子

● スキップのできない子

● 走り方や階段の下り方がぎこちない子

こんな支援を **手型・足型に合わせてうさぎジャンプ**

81 動き 体全体の動きにかかわって

動きの困難

こんな時 こんな子どもに

「ケンパ」の指導
- 自分の体の右・左がわかりにくい子
- リズム運動の苦手な子
- スキップのできない子
- 走り方や階段の下り方がぎこちない子

こんな支援を 枠に合わせてケンパで進む

こんな支援を

「枠に合わせてケンパで進む」
1. 床にビニールテープで枠を作る
2. 枠に合わせてケンパで進む
3. 慣れてきたら、枠をかえて取り組む

枠に合わせて「ケンケンパ」と声に出しながら進みます

82 動き 体全体の動きにかかわって

動きの困難

こんな時 こんな子どもに

「左右の意識」の指導
- 自分の体の右・左がわかりにくい子
- リズム運動の苦手な子
- スキップのできない子
- 走り方や階段の下り方がぎこちない子

こんな支援を 左右の足型に合わせて進む

こんな支援を

「左右の足型に合わせて進む」
1. 床に足型を貼ってコースを作る
2. 足型に合わせて「右・左」と声に出しながら進む

色がついた足の型を「右・左」と声に出して踏みながら進みます

「今回は、黒い足形は踏まない」など、ルールを変えて楽しむこともできます

動き 体全体の動きにかかわって

動きの困難

 こんな時 こんな子どもに

「なわとび」
● なわとびが苦手な子
● 道具の操作がぎこちない子

こんな支援を
とびやすいなわを使う

こんな支援を

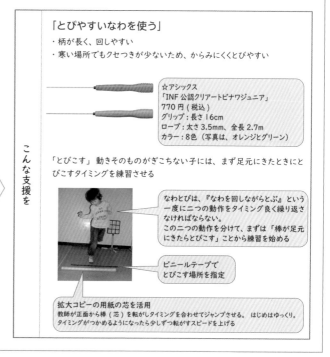

「とびやすいなわを使う」
・柄が長く、回しやすい
・寒い場所でもクセつきが少ないため、からみにくくとびやすい

☆アシックス
「INF 公認クリアートビナワジュニア」
770 円 (税込)
グリップ：長さ 16cm
ロープ：太さ 3.5mm、全長 2.7m
カラー：8色（写真は、オレンジとグリーン）

「とびこす」動きそのものがぎこちない子には、まず足元にきたときにとびこすタイミングを練習させる

なわとびは、『なわを回しながらとぶ』という一度に二つの動作をタイミング良く繰り返さなければならない。
この二つの動作を分けて、まずは「棒が足元にきたらとびこす」ことから練習を始める

ビニールテープでとびこす場所を指定

拡大コピーの用紙の芯を活用
教師が正面から棒（芯）を転がしタイミングを合わせてジャンプさせる。　はじめはゆっくり。
タイミングがつかめるようになったら少しずつ転がすスピードを上げる

コントロール 補助する

衝動性の困難

こんな時 こんな子どもに

「ポイントで意欲喚起」
● あきっぽく、意欲が続かない子
● 気が散りやすい子
● 自己評価の低い子

こんな支援を
ポイントを使って評価の内容を具体的に伝える

こんな支援を

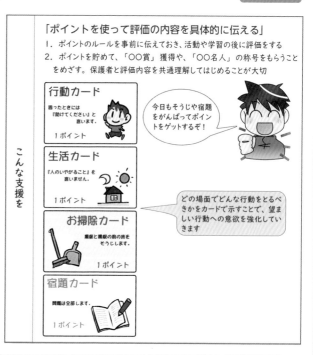

「ポイントを使って評価の内容を具体的に伝える」
1．ポイントのルールを事前に伝えておき、活動や学習の後に評価をする
2．ポイントを貯めて、「〇〇賞」獲得や、「〇〇名人」の称号をもらうことをめざす。保護者と評価内容を共通理解してはじめることが大切

行動カード
困ったときには
『聞いてください』と
言います。
1ポイント

生活カード
『人のいやがること』を
言いません。
1ポイント

お掃除カード
黒板と黒板の前の床を
そうじします。
1ポイント

宿題カード
問題は全部します。
1ポイント

今日もそうじや宿題をがんばってポイントをゲットするぞ！

どの場面でどんな行動をとるべきかをカードで示すことで、望ましい行動への意欲を強化していきます

85 コントロール 補助する

衝 動性の困難

こんな時 こんな子どもに

「評価カード」での指導
- ●あきっぽく、意欲が続かない子
- ●気が散りやすい子
- ●自己評価の低い子

こんな支援を

カードを使って評価の内容を具体的に伝える

こんな支援を

「カードを使って評価の内容を具体的に伝える」
1. 評価方法を事前に伝えておき、活動や学習の後に評価をする
2. どんな行動がこの評価につながったのかも、具体的に伝えていく

どんな行動が評価されるのかを具体的に理解させることで、適切な行動への意欲を強化していきます

今日もがんばってシールをはってもらうぞ！

86 コントロール 補助する

耳 からの情報処理の困難

こんな時 こんな子どもに

「台本の活用」
- ●ルールを忘れてしまう子
- ●気が散りやすい子
- ●指示をよく聞き落とす子

こんな支援を

ルールをわかりやすく提示する

こんな支援を

「ルールをわかりやすく提示する」
言葉での指示を減らし、自分で確認できるようにする

★はいるとき
「しつれいします。
○年○組の○○です。
はいってもいいですか。」

★出るとき
「しつれい
しました。」

「この場所ではこのルール」
「このときにはこのルール」
が整理されて書いてあると、わかりやすい

何度忘れても、そのたびに自分で確かめられるのもうれしいな

87 コントロール 補助する

 こんな時 こんな子どもに

「自己調整」の指導

●混乱すると不適切な言動をとってしまいがちな子
●がまんができない子
●パニックを起こしやすい子
●気持ちのコントロールが苦手な子

こんな支援を **ルールを良く見える場所に掲示する**

こんな支援を

「ルールを良く見える場所に掲示する」
1. 「してもいい行動」と「してはいけない行動」を本人と話し合う
2. ルールを書き出して、席から良く見える所に掲示する
3. 必要に応じて掲示を確認させる

①にげる・たちあるく
②やらない・めちゃくちゃに書く
③さわぐ・なく

これは、してはいけない行動です

これは……わからないぞ……あっそうだった。手をあげよう

わからないとき

①手をあげる
②先生がさしてくれたら
「教えてください」
「わかりません」
「～って何ですか」
「もう一度言ってください」

なるほど！そうすれば良かったんだ

88 コントロール 補助する

 こんな時 こんな子どもに

「掲示の工夫」

●集中が続かない子
●気が散りやすい子
●必要な情報を選び取ることが苦手な子

こんな支援を **必要な情報を受け取りやすいよう、掲示を工夫する**

こんな支援を

「必要な情報を受け取りやすいよう、掲示を工夫する」
1. 不必要な情報を減らす

ごちゃごちゃしてると見えにくいよ

どこに書いてあるの？

れんらくボード

2. 必要な情報が見えやすいように、位置や色を工夫する
3. 予定や手順などは、書く位置を決めておく

あっそうだ。時間割はピンクのところを見れば確かめられるぞ

今日の予定は、何だっけ？予定表を見てみよう

スケジュール ボード

今日の時間割
1 国語
2 算数
3 体育
4 社会
5 図工
6 図工

今日の予定

89 コントロール 補助する

衝 動性の困難

 こんな時 こんな子どもに

「学習場面の工夫」

●集中が続きにくい子

●落ち着きのない子

●途中で投げ出してしまう子

●離席してしまう子

こんな支援を

**動く必然性のある
場面を盛り込む**

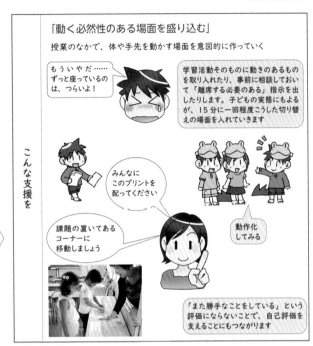

こんな支援を

「動く必然性のある場面を盛り込む」

授業のなかで、体や手先を動かす場面を意図的に作っていく

もういやだ……ずっと座っているのは、つらいよ！

学習活動そのものに動きのあるものを取り入れたり、事前に相談しておいて「離席する必要のある」指示を出したりします。子どもの実態にもよるが、15 分に一回程度こうした切り替えの場面を入れていきます

みんなにこのプリントを配ってください

課題の置いてあるコーナーに移動しましょう

動作化してみる

「また勝手なことをしている」という評価にならないことで、自己評価を支えることにもつながります

90 コントロール 補助する

耳 からの情報処理の困難　衝 動性の困難

 こんな時 こんな子どもに

「合図でしらせる」

●指示をよく聞き落とす子

●気が散りやすい子

●気持ちの切り替えができにくい子

こんな支援を

**合図と行動をセットに
して使う**

こんな支援を

「合図と行動をセットにして使う」

1. 事前に話し合って合図と行動を申し合わせておく
　　（例）「この音がしたら、手をひざに戻してこちらを見ます
2. ロールプレイをして確認する

トライアングルが鳴ったら、先生を見るんだな

91 コントロール 自己調整力を高める

衝 動性の困難

 こんな時 こんな子どもに

「自己調整」

●混乱すると不適応な言動をとってしまいがちな子

●がまんができない子

●パニックを起こしやすい子

●気持ちのコントロールが苦手な子

こんな支援を

自分の気持ちを言語化することで調整力を高めさせる

こんな支援を

「自分の気持ちを言語化することで調整力を高めさせる」

1. 話し合って自分の気持ちを示しやすいカードを作っておく
2. カードで気持ちを確認し、それを言語化することで、子どもに再確認させる
3. 何に気をつけるかなど、具体的な姿をイメージさせる
4. 帰りにもう一度確認し、評価の機会を持つことで強化していく
「赤だったのに、気をつけて怒らなかったね」
「オレンジだったのに緑になったんだ。良いことがあったのね」

爆発寸前！
なぜかとてもいらいらしていて、ちょっとしたことでも怒りそう。自分でも気をつけます。先生も助けてね

なぜかいらいら
なんとなくいやな気分。乱暴な言葉になってしまいそう。時々休憩して、怒らないようにします。

普通の気分
落ち着いた気持ち。ちゃんと相手のお話を聞けそう。この気分が続くようにします。

ハッピーな気持ち
すごくいい気分!!いつもよりがんばれそうです。

今日は「爆発寸前！」

とてもいらいらしているから気をつけようと思っているのね。先生も早めに声をかけるよ

---

92 コントロール 自己調整力を高める

推 し量ることの困難

 こんな時 こんな子どもに

「コミュニケーションスキル」

●場に応じた行動が取れない子

●表情や雰囲気から情報を読み取れない子

●言葉に隠された裏の意味がわからない子

●自分が相手にどんな風に見られているかがわかりにくい子

こんな支援を

コミュニケーションのルールを具体的に伝える

こんな支援を

「コミュニケーションのルールを具体的に伝える」
「このくらいわかるだろう」ではなく、具体的な行動を伝える

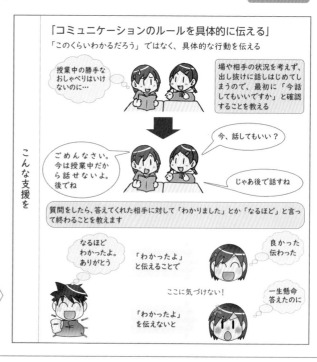

授業中の勝手なおしゃべりはいけないのに…

場や相手の状況を考えず、出し抜けに話しはじめてしまうので、最初に「今話してもいいですか」と確認することを教える

ごめんなさい。今は授業中だから話せないよ。後でね

今、話してもいい？

じゃあ後で話すね

質問をしたら、答えてくれた相手に対して「わかりました」とか「なるほど」と言って終わることを教えます

なるほどわかったよ。ありがとう

「わかったよ」と伝えることで

ここに気づけない！

「わかったよ」を伝えないと

良かった伝わった

一生懸命答えたのに

120

93 コントロール 自己調整力を高める

推し量ること の困難 感覚の困難

 こんな時 こんな子どもに

「自己調整」の指導

● 混乱すると不適応な言動をとってしまいがちな子
● 周囲の状況把握が苦手な子
● パニックを起こしやすい子

こんな支援を **特性を踏まえた 手立てを知る**

こんな支援を

「特性を踏まえた手立てを知る」

1. 自分の苦手なこと、とることのできる回避行動を認識させる
2. 事前の対策を話し合い、ロールプレイなどで練習する
3. そうした方法が有効であると感じられるように、評価を返して強化する

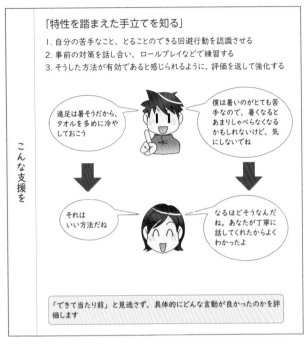

「できて当たり前」と見逃さず、具体的にどんな言動が良かったのかを評価します

94 コントロール 自己調整力を高める

衝動性の困難

 こんな時 こんな子どもに

「課題設定」

● あきっぽく、意欲が続かない子
● 気が散りやすい子
● 自己評価の低い子

こんな支援を **成功体験を積ませる**

こんな支援を

「成功体験を積ませる」

「自分にもできる」「うまくいく」「わかってもらえる」という思いが、次の意欲を支える

1. 「達成できそうだ」と感じられる課題設定をする
   ・既習内容を課題にする
   ・見通しの持てる提示をする
   ・スモールステップで設定する
2. 得意なことで評価をできる場面を設定する
3. 自分の行為と評価の関係をはっきりさせ、何が良い評価につながったかを考えさせる

95 コントロール 自己調整力を高める

 衝 動性の困難 ／ 推 し量ることの困難

こんな時 こんな子どもに

「ほめ方」

●あきっぽく、意欲が続かない子

●気が散りやすい子

●自己評価の低い子

こんな支援を

行為と評価のつながりを
はっきりさせて伝える

こんな支援を

「行為と評価のつながりをはっきりさせて伝える」

どんな行動がそうした評価につながったのかを、具体的に伝えていく

1. 「がんばったね」ではなく、「最後まで本を読めたね。がんばったね」のように「AだからBだね」と具体的に言われると、Aという行為の評価がBなのだとはっきりする

2. その上でほめたりしかったりすることが、「ほめられたいから、こういう行動をとろう」「しかられたくないから、この行動はやめよう」という判断につながる

ありがとう

何のこと？

お花に水をやってくれてありがとう

お花に水をやったらほめられたよ。またしよう！

「この状況でこう言えば伝わるだろう」と周りが思っても、そうした前提となる情報の把握ができていない子には伝わらないのです

---

96 コントロール 自己調整力を高める

 衝 動性の困難

こんな時 こんな子どもに

「勝ち負けのこだわり」

●混乱すると不適応な言動をとってしまいがちな子

●がまんができない子

●勝ち負けに過度にこだわる子

●気持ちのコントロールが苦手な子

こんな支援を

勝ち以外で評価を
受ける機会を持つ

こんな支援を

「勝ち以外で評価を受ける機会を持つ」

1. 勝負は、勝つことも負けることもあるということを伝える

2. 負けた人を勝ちとするようなゲームや、勝ち負け以外のことを評価する機会を設ける

☆負けるが勝ち「じゃんけんゲーム」
・じゃんけんで負けた人が勝ちあがれる
・前に出た代表とジャンケンし、勝った人は座っていく
・最後まで負けた人が勝ち

勝つことも負けることもあるということを
体験を通して知らせていきます

☆「命令したら相手ボール」ドッチ
・味方に対してでも、「命令」をしたらファールで、相手ボールになる
・審判は大人がする
・スピーディに「命令・相手ボール」と言って相手チームにボールを渡し、試合を再開する

☆勝ち負け以外のポイントでの評価をトークン（カードやシールなどのごほうび）として利用
・獲得したトークンをビンにためる
・ビンにいっぱいたまったら、クラスでお楽しみ会をする

97 コントロール　自己調整力を高める　衝 動性の困難　推 し量ることの困難

こんな時　こんな子どもに

「自己調整」
- ●混乱すると不適応な言動をとってしまいがちな子
- ●がまんができない子
- ●パニックを起こしやすい子
- ●気持ちのコントロールが苦手な子

こんな支援を 自分の行為で結果が変わることを伝える

こんな支援を

「自分の行為で結果が変わることを伝える」
1. 行為と結果は関係していることを伝える
2. どんな行為がどんな結果につながるかを話し合っておく
3. 混乱させないように、一貫した評価をする

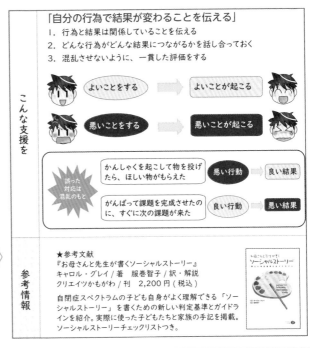

参考情報

★参考文献
『お母さんと先生が書くソーシャルストーリー』
キャロル・グレイ / 著　服巻智子 / 訳・解説
クリエイツかもがわ / 刊　2,200 円（税込）

自閉症スペクトラムの子ども自身がよく理解できる「ソーシャルストーリー」を書くための新しい判定基準とガイドラインを紹介。実際に使った子どもたちと家族の手記を掲載。ソーシャルストーリーチェックリストつき。

98 コントロール　自己調整力を高める　衝 動性の困難

こんな時　こんな子どもに

「回避行動」の指導
- ●混乱すると不適応な言動をとってしまいがちな子
- ●がまんができない子
- ●パニックを起こしやすい子
- ●気持ちのコントロールが苦手な子

こんな支援を 離席カードや意思表示カードを利用する

こんな支援を

「離席カードや意思表示カードを利用する」
1. とることのできる行動を話し合っておいて、合図（カード）を決めて利用する
2. 教室から離れた先でどう過ごすかについても、申し合わせておく
3. どんなときにどんなふうに使えばいいかの見通しが持てるように、最初は教師から働きかけて使ったり、ロールプレイで練習しておく

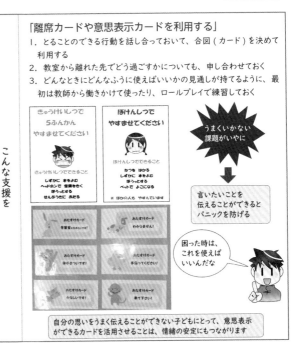

自分の思いをうまく伝えることができない子どもにとって、意思表示ができるカードを活用させることは、情緒の安定にもつながります

99 コントロール 自己調整力を高める

 こんな時 こんな子どもに

「回避行動をとらせる」

●混乱すると不適応な言動をとっ
　てしまいがちな子

●がまんができない子

●パニックを起こしやすい子

●気持ちのコントロールが苦手な子

●集中の続きにくい子

こんな支援を クールダウンスペース
を利用する

こんな支援を

「クールダウンスペースを利用する」
・クールダウンできる場所を作っておき、気持ちを切り替えるために使う
・一定量の学習が終わったら利用できるスペースとしても使える

①相談室利用の例
ドアを開けても見えない
場所を作っておきます

②教室の一部を区切って
スペースを作った例
このスペースのなかで、しても
いい活動を準備しておきます

静かで落ち着け
る場所があると思
うと安心！

③積み木でスペースを
作ってみましょう

---

100 コントロール 自己調整力を高める

 こんな時 こんな子どもに

「回避行動」

●パニックを起こしやすい子

●特定の感覚が過敏な子

こんな支援を 困難を示す場面を本人
と話し合い、回避行動を
申し合わせる

こんな支援を

「困難を示す場面を本人と話し合い、
　回避行動を申し合わせる」
1. 困ったときに「伝える方法」「とることのできる行動」
　「そのための方法」を話し合っておく
2. わかりやすく提示する（カードなどを使う）
　・忘れても、それを見て思い出せる
　・それを提示することで、気持ちが伝わる
　・ツールを活用する（離席カードなど）
3. ツールの使い方ととることのできる行動を
　ロールプレイして練習する
4. 最初は、回避行動のタイミングをつかめるように、意識的に声かけ
　をする
5. その方法が有効であると実感できるまでは、本人が申し出たとき、
　すぐに許可する

ちょっと待って　　　　もう少しがんばろう
　　　×　　　　　　　　　　×

ほっとしたよ。
ちょっと安心

○ 例：暑さへの過敏さ
・水で顔を洗ってくることができる
・汗を拭くために教室の後ろにいくことができる
・保冷剤を首にまくことができる
・冷たいお茶を用意しておき、飲むことができる
・保健室で10分休憩が取れる　　など

101 コントロール 見通しを持たせる

推し量ること の困難

こんな時 こんな子どもに

「予定の変更」を伝える
● 予定の変更が受け入れにくい子
● 予定が知らされていないと不安になる子

こんな支援を

変更前と変更後が確認できるようにして伝える

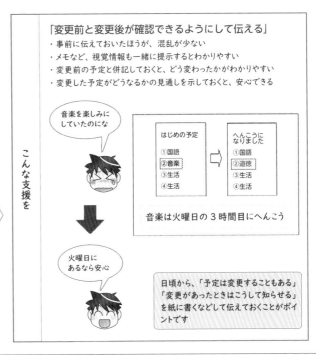

こんな支援を

「変更前と変更後が確認できるようにして伝える」
・事前に伝えておいたほうが、混乱が少ない
・メモなど、視覚情報も一緒に提示するとわかりやすい
・変更前の予定と併記しておくと、どう変わったかがわかりやすい
・変更した予定がどうなるかの見通しを示しておくと、安心できる

音楽を楽しみにしていたのにな

はじめの予定	へんこうになりました
①国語	①国語
②音楽	②道徳
③生活	③生活
④生活	④生活

音楽は火曜日の3時間目にへんこう

火曜日にあるなら安心

日頃から、「予定は変更することもある」「変更があったときはこうして知らせる」を紙に書くなどして伝えておくことがポイントです

102 コントロール 見通しを持たせる

衝 動性の困難 推 し量ること の困難

こんな時 こんな子どもに

「指示」
● 集中が続きにくい子
● 途中で投げ出してしまう子
● 終わりが近づいてからあわてることの多い子

こんな支援を

スタートとゴールの時刻を提示する

こんな支援を

「スタートとゴールの時刻を提示する」
1. 時計の入った絵をラミネートし、裏にマグネットシートを貼っておく
2. ホワイトボード用マーカーで時計の針と数字を書き込む

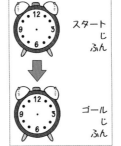
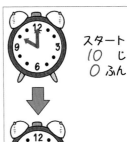

スタート じ ふん
ゴール じ ふん

スタート 10 じ 0 ふん
ゴール 10 じ 15 ふん

時間の提示に加えて、何を「スタート」するのか、「ゴール」でどうするのかの情報も提示しておくことも効果的です

125

103 コントロール 見通しを持たせる

こんな時 こんな子どもに

「指示」

●集中が続きにくい子

●途中で投げ出してしまう子

●終わりが近づいてからあわてる
　ことの多い子

こんな支援を

**時間の長さが
見てわかるタイマーを
利用する**

こんな支援を

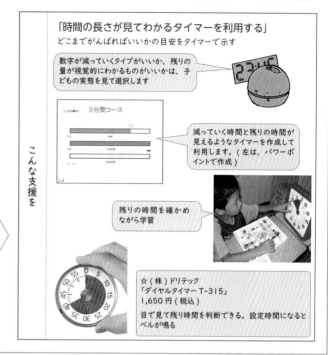

「時間の長さが見てわかるタイマーを利用する」
どこまでがんばればいいかの目安をタイマーで示す

数字が減っていくタイプがいいか、残りの量が視覚的にわかるものがいいかは、子どもの実態を見て選択します

減っていく時間と残りの時間が見えるようなタイマーを作成して利用します。（左は、パワーポイントで作成）

残りの時間を確かめながら学習

☆（株）ドリテック
「ダイヤルタイマー T-315」
1,650 円（税込）

目で見て残り時間を判断できる。設定時間になるとベルが鳴る

---

104 コントロール 見通しを持たせる

こんな時 こんな子どもに

「指示」

●予定が知らされていないと不安
　になる子

こんな支援を

**時間の過ごし方が
わかる予定表を
利用する**

こんな支援を

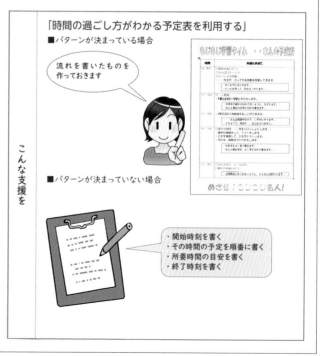

「時間の過ごし方がわかる予定表を利用する」
■パターンが決まっている場合

流れを書いたものを作っておきます

■パターンが決まっていない場合

・開始時刻を書く
・その時間の予定を順番に書く
・所要時間の目安を書く
・終了時刻を書く

105 コントロール 見通しを持たせる

こんな時 こんな子どもに

「指示」を出す

●集中が続きにくい子

●途中で投げ出してしまう子

こんな支援を
課題の量を調整する

こんな支援を

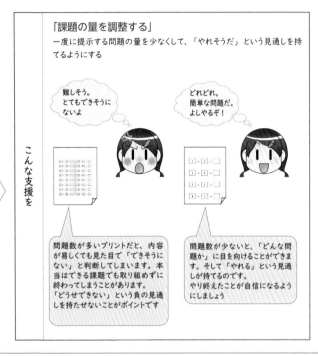

「課題の量を調整する」
一度に提示する問題の量を少なくして、「やれそうだ」という見通しを持てるようにする

難しそう。
とてもできそうにないよ

どれどれ。
簡単な問題だ。
よしやるぞ！

問題数が多いプリントだと、内容が易しくても見た目で「できそうにない」と判断してしまいます。本当はできる課題でも取り組めずに終わってしまうことがあります。「どうせできない」という負の見通しを持たせないことがポイントです

問題数が少ないと、「どんな問題か」に目を向けることができます。そして「やれる」という見通しが持てるのです。
やり終えたことが自信になるようにしましょう

---

106 コントロール 見通しを持たせる

こんな時 こんな子どもに

「指示」を出す

●集中が続きにくい子

●途中で投げ出してしまう子

●なかなか作業を始めない子

こんな支援を
何を・どれだけ・どうするかを具体的に示す

こんな支援を

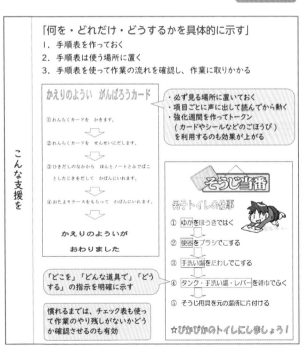

「何を・どれだけ・どうするかを具体的に示す」
1. 手順表を作っておく
2. 手順表は使う場所に置く
3. 手順表を使って作業の流れを確認し、作業に取りかかる

・必ず見る場所に置いておく
・項目ごとに声に出して読んでから動く
・強化週間を作ってトークン（カードやシールなどのごほうび）を利用するのも効果が上がる

「どこを」「どんな道具で」「どうする」の指示を明確に示す

慣れるまでは、チェック表も使って作業のやり残しがないかどうか確認させるのも有効

127

107 コントロール 見通しを持たせる

衝 動性の困難

 こんな時 こんな子どもに

「指示」を出す

●集中が続きにくい子

●途中で投げ出してしまう子

こんな支援を

課題を分けて提示する

「課題を分けて提示する」

1. 課題を分けておく
2. 最初のステップは、無理なく終われる量にしておく
3. 可能な子には、プラスの課題を用意しておく

こんな支援を

ステップ1 全員が無理なく終われる量と難易度

「ここが目標だよ」……つまずいていれば、個別に声がけ

ステップ2 本来出したい課題の量と難易度

「終わったら挑戦してみよう」……自己採点ができるようにしておく

ステップ3 応用問題にも取り組める子用

「2が終わったらできるよ」

「これしかできなかった」ではなく「こ
こまでできた」「クリアした」という
達成感・満足感が持てる量を工夫し
ましょう

108 コントロール 見通しを持たせる

からの情報処理の困難 衝 動性の困難

 こんな時 こんな子どもに

「指示」を出す

●不注意な子

●どこを見ていいかわからなくな
る子

●今していることが全体のどのあ
たりかの見通しが持ちにくい子

こんな支援を

指示や手順に番号を打つ

「指示や手順に番号を打つ」
番号を打って、指示や手順を確認しやすくする

こんな支援を

「スライムの作り方」

Aのコップに水を1/3入れる

同じ量の水のりとまぜる

Bのコップに水を1/3入れる

Bのコップにホウ砂をとかす

AのコップをまぜながらBを入れる

取り出して水ですすぐ

かわいた手でころがす

今、どこだっけ？
次、何だっけ？

「スライムの作り方」

① Aのコップに水を1/3入れる

② 同じ量の水のりとまぜる

③ Bのコップに水を1/3入れる

④ Bのコップにホウ砂をとかす

⑤ AのコップをまぜながらBを入れる

⑥ 取り出して水ですすぐ

⑦ かわいた手でころがす

③が終わったから
次は④だね！

109 コントロール その他

推 し量ること の困難

こんな時 こんな子どもに

「特定の物へのこだわり」

● 混乱すると不適応な言動をとっ
てしまいがちな子
● がまんができない子
● 過度にこだわる子

こんな支援を

こんな支援を
こだわりを
許容できる程度にする
手立てをとる

こんな支援を

「こだわりを許容できる程度にする手立てをとる」

事例：亀へのこだわりを小さくしていく

1. 支援を開始する前の子どもの姿
・亀が大好きで、いつも触っている
・どこにいくにも、水槽を抱えて亀を持っていこうとする
・乗り物などに乗るときでも、絶対に持っていくと言ってきかない
　※一方的に「亀を持って回るのは駄目！」と言ってしまうと、かえっ
　　て亀へのこだわりが強くなることもある

2. 代替物を探す
・「この亀は連れて行けないけれど、ぬいぐるみの亀ならいいよ」
・「この亀は連れて行けないけれど、動画を撮っておけば、携帯でい
　つでも見られるよ」
・「この亀は連れて行けないけれど、写真なら持って行けるよ」

3. 代替を小さくしていく
・代替が保証されていることで、「忘れることもある、もしくは、「忘れ
　ても大丈夫」へつなげていく

容認できないものにこだわっていると
きに、それをいきなりなくすのでなく、
折り合いをつけながら容認できる範
囲へ誘導していきます

110 コントロール その他

推 し量ること の困難

こんな時 こんな子どもに

「場面の把握」

● 混乱すると不適応な言動をとっ
てしまいがちな子
● 総合的な状況把握が苦手な子
● パニックを起こしやすい子
● 相手の立場や思いのわかりにく
い子
● こだわりの強い子

こんな支援を

こんな支援を
図や吹き出しを使い、
客観的な状況を見える
ようにして伝える

こんな支援を

「図や吹き出しを使い、客観的な状況を
目で見えるようにして伝える」

思いを受け止めながら事実関係を確認し、図にしていく
・吹き出しで言葉や思いを書き込み、「なぜそうなったのか」を振り返る
・適切な行動は何だったかを具体的に話し合う

ぼくは何もしていないのにAちゃんが
押してきたから蹴飛ばしたんだよ！

僕の言ったことがイヤだったから、Aちゃん
は押してきたのか。気がつかなかった

状況を把握していなかったり誤解していることも多い。
「いけない」と言う前にわかりやすく伝えて考えさせることが必要です

参考情報

★参考文献＆商品
『コミック会話』キャロル・グレイ／著　門眞一郎／訳
明石書店／刊　880円（税込）
自閉症など発達障害がある子のためのコミュニケーション支援法

ふきだし黒板（グリーン5枚組）
(株)内田洋行　26,950円（税込）
黒板に貼り付けて使用し、チョークで記入。
ホワイトボード用マーカーで記入する
「ホワイトふきだし黒板」もある

周囲との関係 集団のルールの
利用にかかわって

目 からの情報
処理の困難

　こんな時 こんな子どもに

「整理」の指導

● どこを見ていいかわからない子

● 他の刺激に気が散りやすい子

● 見落としがある子

● 必要な情報に集中を向けにくい子

こんな支援を　わかりやすい共通したルールを作る①

物を置く場所のルールを作る

こんな支援を

わかりやすい共通したルールを作る①
「物を置く場所のルールを作る」
「物の住所」のルールを学級全体で徹底する
1. 場所やしるしのルールを決める
2. 期間を決めて、重点的に取り組み、評価をかえして定着を図る

提出物は、自分の班の
コーンの前に置きます

ペンを返すところは、
色別に決めておきます

決まった場所にあるから探
しやすいよ！「決まり」が
書いてあると、確認しやす
いしね！

周囲との関係 集団のルールの
利用にかかわって

耳 からの情報
処理の困難 衝 動性の困難

　こんな時 こんな子どもに

「聞く」

● 聞き間違い、言い間違いが多い子

● 他の刺激に気が散りやすい子

● 見落としがある子

● 必要な情報に集中を向けにくい子

こんな支援を　わかりやすい共通したルールを作る②

**『聞くルール』を
学級全体で徹底する**

こんな支援を

わかりやすい共通したルールを作る②
「『聞くルール』を学級全体で徹底する」
1. ルールを見やすい場所に掲示して、確認する
2. 必要に応じて、手元に置いて確認する
3. 期間を決めて、重点的に取り組みを評価して、定着を図る

〈話すとき・聞くときのきまり〉

★聞くときのきまり
　発表している人の顔を見ます。

★話すときのきまり
　「わたしが話します」と言ってから
　話します。

教室が静かだと、みんなの話が良
く聞こえるよ！「聞くときの決まり」
もいつも確認できるから、忘れて
も思い出せるしね！

113 周囲との関係　支援者の役割にかかわって

衝 動性の困難

こんな時 こんな子どもに

「理解」につなげる

● 目標としている課題の達成が困難な子

こんな支援を

指導の優先順位をつけ、許容範囲を持つ

「指導の優先順位をつけ、許容範囲を持つ」

現状から出発し、一度に全ての解決を求めない

こんな支援を

教室を飛び出す、約束が守れない、危険な行為をする、授業中大声を出す、学習に参加できない、注意が聞けない、指示が通らない

「教室で」「きちんと座って」「集中して」みんなと同じようにやってもらいたいけど……

本人にとっても担任にとってもつらい状態です。ほめるチャンスもほめられるチャンスも生まれにくくなります

まずは、安全確保が必要
⇒何が問題なのか、どんな手立てがあるか

学習に関しては現状から出発
⇒達成可能な質と量を最初のステップに

これなら、「10分学習に参加した」「避難スペースで静かに本を読んだ」なども、「学習に参加できた」と、認めてあげることができます

114 周囲との関係　支援者の役割にかかわって

衝 動性の困難　推 し量ることの困難

こんな時 こんな子どもに

「理解」につなげる

● 衝動的な言動が目立つ子
● いつも注意されている子
● 自己評価の低い子

こんな支援を

気持ちを受け止めた上で話し合う

「気持ちを受け止めた上で話し合う」

1. 行動の理由については、「それは理由にならない」「わがままだ」と切り捨てるのではなく、まず思いを受け止める
2. その上で、行動や方法について適切だったか話し合っていく

こんな支援を

共感から

にらまれることが、とてもいやだったんだね

それは、やめてほしいよね。わかるよ

にらんだから、たたいたんだ!!あいつ、いつもにらむんだ!!

方法へ

いやな気持ちになりたくないもんね。やめてもらうには、どうしたらいいかな。一緒に作戦を考えよう

ぼくの気持ちもわかってもらえた。うれしいな

115 周囲との関係　支援者の役割にかかわって

こんな時 こんな子どもに

「理解」

● 表情や雰囲気から情報が読み取れず誤解してしまうことがある子
● 曖昧さに混乱しやすい子
● こだわりがある子
● 場や相手に応じた行動が取りにくい子

こんな支援を
目に見える言動だけで判断せず、『なぜそうしているか』理由を探る

こんな支援を

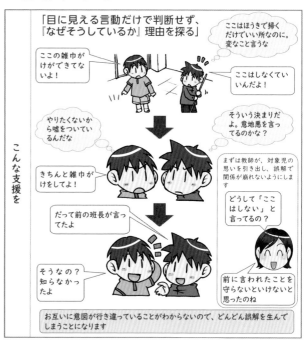

「目に見える言動だけで判断せず、『なぜそうしているか』理由を探る」

ここはほうきで掃くだけでいい所なのに。変なこと言うな

ここの雑巾がけができてないよ！

ここはしなくていいんだよ！

やりたくないから嘘をついているんだな

そういう決まりだよ。意地悪を言ってるのかな？

きちんと雑巾がけをしてよ！

まずは教師が、対象児の思いを引き出し、誤解で関係が崩れないようにします

だって前の班長が言ってたよ

どうして「ここはしない」と言ってるの？

そうなの？知らなかったよ

前に言われたことを守らないといけないと思ったのね

お互いに意図が行き違っていることがわからないので、どんどん誤解を生んでしまうことになります

---

116 周囲との関係　支援者の役割にかかわって

こんな時 こんな子どもに

「環境」を考える

● 衝動の困難を抱えている子
　・色々な刺激に左右されやすく、「今すべきこと」がわからなくなる
　・自己コントロールが苦手でがまんができにくい

こんな支援を
周囲の子どもたちの思いを受けとめる機会を持つ

こんな支援を

「周囲の子どもたちの思いを受けとめる機会を持つ」

☆衝動的に行動してしまったり、状況の把握が苦手で行き違いやすい子の周辺には、彼らの言動から、不満を抱えたりストレスを感じたりしている子がいる場合が多い
☆そんななかで、対象の子どもへの理解のみを求めていくと、かえって相互の関係に悪影響を及ぼすこともある
☆「困った」「不安だ」「不満だ」という思いを、「そんなことを思ってはいけない」と押しつぶすのでなく、共感的に受けとめる機会も必要
☆その上でお互いが可能な行動は何かを話し合っていくことが、お互いを理解することや大切にし合う関係作りをする上で重要になる

☆個別の思いを受けとめる場を持つ
・個人面談教育相談の機会など、個別に話せる場面で共感的に話を聞く
・その子だけでなく、あなたが困ったときも支援が受けられることを丁寧に伝える
・対象の子どもに対して適切な行動がとれたときは必ず評価する

☆集団の思いを受けとめる場を持つ
・対象の子どもが個別指導などでいない時間に
・具体的な場面を取り上げて、周囲の子どもたちの望ましい行動について評価する
・その子だけでなく、みんなが困ったときも支援が受けられることを丁寧に伝える
・困っていることを聞き、どう対応すればいいか、子どもの体験談やエピソードなどを引き出し理解していく

117 周囲との関係 特性の理解にかかわって

目 からの情報処理の困難

 こんな時 こんな子どもに

「困難さの理解につなぐ学習」
● どこを見ていいかわからない子
● 他の刺激に気が散りやすい子
● 見落としがある子
● 必要な情報に集中を向けにくい子

こんな支援を 周囲の子どもたちへ特性を伝えることで理解を求める①
ごちゃごちゃに見えて困っていることを伝える

こんな支援を

周囲の子どもたちへ特性を伝えることで理解を求める①
「ごちゃごちゃに見えて困っていることを伝える」
どんなふうに見えて困っているかを伝える

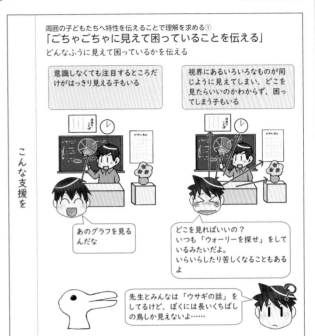

意識しなくても注目するところだけがはっきり見える子もいる

視界にあるいろいろなものが同じように見えてしまい、どこを見たらいいのかわからず、困ってしまう子もいる

あのグラフを見るんだな

どこを見ればいいの？いつも「ウォーリーを探せ」をしているみたいだよ。いらいらしたり苦しくなることもあるよ

先生とみんなは「ウサギの話」をしてるけど、ぼくには長いくちばしの鳥しか見えないよ……

118 周囲との関係 特性の理解にかかわって

耳 からの情報処理の困難

 こんな時 こんな子どもに

「困難さの理解につなぐ学習」
● 聞き間違い、言い間違いが多い子
● 他の刺激に気が散りやすい子
● 聞き落としがある子
● 必要な情報に集中を向けにくい子

こんな支援を 周囲の子どもたちへ特性を伝えることで理解を求める②
いろいろな音が一緒に聞こえてきて困っていることを周囲に伝える

こんな支援を

周囲の子どもたちへ特性を伝えることで理解を求める②
「いろいろな音が一緒に聞こえてきて困っていることを周囲に伝える」
どんなふうに聞こえて困っているかを周囲に伝える

普通に授業を聞いたときと、それをテープ・コーダーで録音して聞いたときの違いを体験させます

こんな風に聞こえていたのか!?さっきは先生の話が普通に聞こえたのに、いろいろな音が聞こえてうるさいよ！

周囲との関係 特性の理解にかかわって 衝 動性の困難

こんな時 こんな子どもに

「理解学習」

●色々な刺激に左右されやすく、「今すべきこと」が分からなくなる子

●自己コントロールが苦手でがまんができにくい子

こんな支援を
周囲の子どもたちへ特性を伝えることで理解を求める③
友達の言動から興奮しやすいことを伝える

こんな支援を

周囲の子どもたちへ特性を伝えることで理解を求める③
「友達の言動から興奮しやすいことを伝える」
どんな言葉かけをしたら良いかを伝える

苦手なもの
禁止や否定の言葉、大声、キンキン声は苦手どんどんいらいらするよ

困っているときは
していいことやできることをゆっくり優しい声でだとうれしい少し静かにしてくれると落ち着くよ

 ダメ ではなくて

具体的に伝える

席につこうよ

ちがうよ！ ではなくて

ほうきで掃いた後で雑巾がけをするんだよ

興奮時の言動が本意でない場合も多いことや、良かれと思ってかけた言葉でより困らせてしまうことがあることを知らせ、双方が気持ちよく過ごせる対応を話し合う

参考情報

★★★参考文献
『ふしぎだね!? 新版 ADHD（注意欠陥多動性障害）のおともだち』内山登紀夫／監修 高山恵子（えじそんくらぶ）／編 ミネルヴァ書房／刊 2,200円（税込）

ADHDの子の周りの子や大人が、具体的かつ身近に障害を知るための絵本。近くの子がふしぎだと思う行動を取り上げ、本人のことばで行動の理由と思いを語る。脳のはたらきの特性からくる、そうせざるを得ない理由がわかれば、対応方法もわかってくる

周囲との関係 特性の理解にかかわって 推 し量ることの困難

こんな時 こんな子どもに

「困難さの理解につなぐ学習」

●表情や雰囲気から情報が読み取れず誤解してしまうことがある子

●あいまいさに混乱しやすい子

●こだわりがある子

●場や相手に応じた行動が取りにくい子

こんな支援を
周囲の子どもたちへ特性を伝えることで理解を求める④
あいまいな言動は混乱しやすいことを伝える

こんな支援を

周囲の子どもたちへ特性を伝えることで理解を求める④
「あいまいな言動は混乱しやすいことを伝える」

■日常会話の中でのあいまいさを疑似体験する
掃除の時間に一生懸命雑巾がけをしています。そのとき、班長が「ダメだよ！」と声をかけました。どうしてだと思いますか？

・雑巾が汚かった
・ふいてはいけないところだった

☆でも雑巾はきれいに洗ってあったし、掃除にも遅れなかったし、いつも雑巾がけをしている場所だったよ

☆何が悪いのかわからないと、とても困ってしまうね
☆では、これならどうかな

・会議中だったからだ
・入っちゃいけなかったから注意したんだ

☆そうですね。班長たちは、「だめだよ」と言えば「会議中だから、掃除でも入ったらいけない」ことがわかるはずだと思ったかもしれないな。「だめだよ」だけでは、何がだめなのかわからなくて、困ってしまう人もいるんだ。どうしたらいいか困っているときに、「いけないよ」と言われたら、あせってしまうね

参考情報

★参考文献
『この星のぬくもり～自閉症児のみつめる世界』
曽根富美子／著 ぶんか社／発行（現在品切れ）
※電子版（シュークリーム社／発行）は購入可能。

自閉症者である森口奈緒美さんの自伝「変光星」を漫画化。行き違う様子や思いが、わかりやすく描かれている。

121 周囲との関係　特性の理解にかかわって　動きの困難

こんな時 こんな子どもに

「困難さの理解につなぐ学習」

● 手先が不器用で作業が雑になりがちな子
● 左右や上下がわかりにくい子
● 指先や体をイメージ通りに動かせない子

こんな支援を 周囲の子どもたちへ特性を伝えることで理解を求める⑤
思うように操作できず困っていることを伝える

こんな支援を

周囲の子どもたちへ特性を伝えることで理解を求める⑤
「思うように操作できず困っていることを伝える」
どのように困っているかを周囲に伝える

「軍手をして折り紙の枚数を数えさせる」「時間制限をして利き手と反対の手で絵や字を書かせる」 など

折り紙を数えることがこんなに大変だったなんて……

ゆっくりならなんとかできるのに……せかさないで！

122 周囲との関係　特性の理解にかかわって　感覚の困難

こんな時 こんな子どもに

「困難さの理解につなぐ学習」

● 特定の感覚が非常に過敏だったり鈍かったりする子
● 感覚の過敏さから刺激や情報の処理が苦手な子

こんな支援を 周囲の子どもたちへ特性を伝えることで理解を求める⑥
感じ方には個人差があることを伝えていく

こんな支援を

周囲の子どもたちへ特性を伝えることで理解を求める⑥
「感じ方には個人差があることを伝えていく」
どんなふうに感じて困っているかを伝える

■ 同じ温度の中にいても感じ方が違う

暑い

熱いお風呂の中にいるみたい動くとふらふらするよ

暑いな汗が出るよ

「痛い」「暑い」「寒い」など、同じ言葉を使っていても、誰もが同じ度合いで感じているわけではないことを伝えます

■ 同じシャワーを浴びても感じ方が違う

痛い

痛い！痛い！針で刺されているようだ

シャワーの勢いが強いな

参考情報

★参考文献
『自閉っ子、こういう風にできてます！』
『続 自閉っ子、こういう風にできてます！ 自立のための身体づくり』
『続々 自閉っ子、こういう風にできてます！自立のための環境づくり』
藤家寛子、ニキ・リンコ / 著　花風社 / 刊　各 1,760 円（税込）

翻訳家のニキリンコさんと作家の藤家寛子さんの対談を、進行役の出版社の浅見淳子さんがまとめていく。自閉症独特の身体感覚と世界観が鮮烈に語られる。

※ 123 ～ 130 は改訂版より追加になったアイデアシートです。

123 国語 音読に関して

目 からの情報処理の困難　耳 からの情報処理の困難

こんな時 こんな子どもに

「音読」

●読んでいる場所を見失ったり、読み飛ばしや読み間違いの多い子

●読むことに過度に時間がかかり、意味がわからなくなってしまう子

●言葉のかたまりで読めない子

こんな支援を
音声の補助と視覚のガイドのある教科書（マルチメディアデイジー教科書）を使うことで、文字情報を捉えやすくする

こんな支援を

「音声の補助と視覚のガイドのある教科書（マルチメディアデイジー教科書）を使うことで、文字情報を捉えやすくする」

・音声で読み上げてくれるので、音を確認しながら読み進められる

・音と一緒にガイドが動くので、「今どこを読んでいるのか」がわかりやすい

読み上げの速さや声の高さ、文字の大きさなどが簡単に調整できる

地の色・文字の色・ガイドの色をそれぞれ変更することができる

「エンジョイ・デイジー」
・申請することで、無償でマルチメディアデイジー教科書を使うことができる
https://www.dinf.ne.jp/doc/daisy/index.html
※再生には別途プレイヤーアプリが必要

124 国語 読解に関して

目 からの情報処理の困難

こんな時 こんな子どもに

「内容の理解」

●書いて整理したりまとめたりすることが苦手な子

●文章を読んでの意味理解が苦手な子

こんな支援を
学習者用デジタル教科書を使って文章をもとに考えたり内容のつながりを整理したりする学習に取り組みやすくすることで、内容の理解につなげていく

こんな支援を

「学習者用デジタル教科書を使って、文章をもとに考えたり内容のつながりを整理したりする学習に取り組みやすくすることで、内容の理解につなげていく」

・なぞるだけで文章をカード化して書き出せる

・文章を根拠に考えたり、つながりを読み解いたりする際の「書くこと」の負担が軽減され、理解に向かいやすくなる

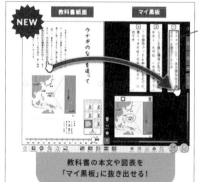

教科書の文章（図の黄色マーカー部分）を、そのまま「マイ黒板」に抜き出すことが簡単にできる。
※権利上の都合により、図中の文章を判読できないようにしています。ご了承ください

教科書の本文や図表を「マイ黒板」に抜き出せる！

光村図書出版の「マイ黒板」機能は教科書の本文や図表をドラッグして抜き出すことができる。上の図解は、同社の Web ページより転載
URL=https://www.mitsumura-tosho.co.jp/2020s_digital/

125 国語 書字に関して

目 からの情報処理の困難　動 きの困難

こんな時 こんな子どもに

「ノートテイク」
- 手書きだと文字の形がとれず、後で読み返せなくなってしまう子
- 文字を想起するのに過度に時間がかかる子
- 書くことや自分の書く文字に拒否感が強くなっている子

こんな支援を

多様な入力手段を持つ

こんな支援を

「多様な入力手段を持つ」
手書き入力以外の多様な代替入力手段を持つことで、その子に合った方法で思いを書いて伝えたり、後で参照できるノートをとったりできるようにする

音声入力
・キーの位置を覚えなくても入力できる
・集団の場では使いにくい

50音キーボード
・低学年の子でも探しやすい
・オンスクリーンなので画面が狭くなってしまう点に注意が必要

物理キーボード
・汎用性が高い
・ひらがな入力かローマ字入力かの検討が必要

フリック入力
・キーが少ないので探しやすい

手書き→テキスト変換
・キーの位置を覚えるのが苦手でも使える

入力方法は複数を試し、対象児童に適した手立てを検討していく必要がある
複数の手立てを持つことができると、場に応じた選択が可能になる

126 国語 書字に関して

目 からの情報処理の困難

こんな時 こんな子どもに

「漢字」
- 漢字が覚えられない子
- お手本があれば正しく書ける子

こんな支援を

デジタルの辞典を使う

こんな支援を

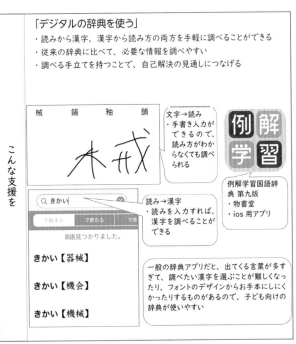

「デジタルの辞典を使う」
・読みから漢字、漢字から読み方の両方を手軽に調べることができる
・従来の辞典に比べて、必要な情報を調べやすい
・調べる手立てを持つことで、自己解決の見通しにつなげる

文字→読み
・手書き入力ができるので、読み方がわからなくても調べられる

例解学習国語辞典 第九版
・物書堂
・ios用アプリ

読み→漢字
・読みを入力すれば、漢字を調べることができる

一般の辞典アプリだと、出てくる言葉が多すぎて、調べたい漢字を選ぶことが難しくなったり、フォントのデザインからお手本にしにくかったりするものがあるので、子ども向けの辞典が使いやすい

127 算数 意味理解に関して

推し量ること の困難

こんな時 こんな子どもに

「帯分数⇔仮分数」

●帯分数と仮分数の関係が捉えられない子

●帯分数と仮分数の換算でつまずいている子

こんな支援を

帯分数と仮分数の関係を用紙を使って確認する

●関連するワークシート
127 帯分数と仮分数

こんな支援を

「帯分数と仮分数の関係を用紙を使って確認する」
・エクセルで用紙を作って、PDFに書き出す
（127_帯分数と仮分数.pdf をCDに収録）
・ノートアプリに用紙を背景として取り込む
・用紙の上に書き込んで換算の手立てにする
127_帯分数と仮分数.pdf

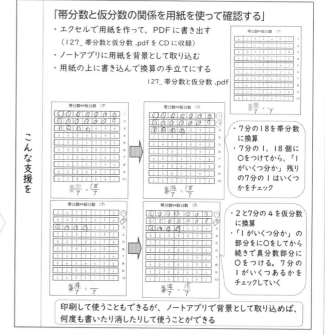

・7分の18を帯分数に換算
・7分の1、18個に〇をつけてから、「1がいくつ分か」残りの7分の1はいくつかをチェック

・2と7分の4を仮分数に換算
・「1がいくつ分か」の部分をに〇をしてから続きで真分数部分に〇をつける。7分の1がいくつあるかをチェックしていく

印刷して使うこともできるが、ノートアプリで背景として取り込めば、何度も書いたり消したりして使うことができる

128 共通 情報の取得に関わって

耳からの情報 処理の困難 感覚の困難

こんな時 こんな子どもに

「ノイズキャンセラー付きの機器を活用」

●一斉での指示をよく聞き落とす子

●ざわざわした場所が過度に苦手な子

●耳ふさぎを頻繁にしている子

こんな支援を

雑音をカットしてくれる機器を使うことで負担を軽減する

こんな支援を

「雑音をカットしてくれる機器を使うことで負担を軽減する」
・音の刺激を軽減することで、ストレスを緩和する

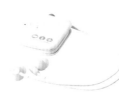

「デジタル耳せん」
KING JIM
騒音はカットして、人の声などは聞こえる
https://www.kingjim.co.jp/sp/mm1000/

・ノイズをカットすることで、必要な情報を取得しやすくする
ノイズキャンセリング機能がついた機器を使う。
イヤホンタイプ、ヘッドホンタイプの両方でノイズキャンセラー機能がついたものが発売されている。機能の種類も異なるので、その子に合ったものを選ぶ

129 コントロール 補助する

目 からの情報処理の困難　感 覚の困難

こんな時 こんな子どもに

「まぶしさやコントラストを軽減する機器を活用」

●読み飛ばしや読み間違いの多い子

●まぶしい場所やカメラのフラッシュが過度に苦手な子

●蛍光灯の部屋で落ち着かなくなる子

こんな支援を → **アクセシビリティ機能を使うことで、文字情報を捉えやすくする**

「アクセシビリティ機能を使うことで、文字情報を捉えやすくする」

・カラーフィルターや表示のモード設定をその子に合うように変更することで、視覚の刺激を軽減し、文字をとらえやすくする

・コントラストをはっきりさせることで、文字をとらえやすくする

・表示を拡大して見えやすくする

・音声補助の機能を使う

こんな支援を

「Windows のアクセシビリティ機能」
https://www.microsoft.com/ja-jp/enable/products/windows-default.aspx

「ios の vison アクセシビリティ機能」
https://www.apple.com/jp/accessibility/ipad/vision/

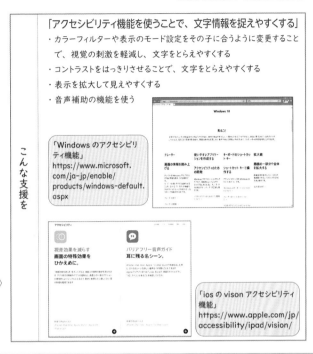

130 コントロール 補助する

目 からの情報処理の困難　感 覚の困難

こんな時 こんな子どもに

「まぶしさやコントラストを軽減する道具を使う」

●読み飛ばしや読み間違いの多い子

●まぶしい場所やカメラのフラッシュが過度に苦手な子

●蛍光灯の部屋で落ち着かなくなる子

こんな支援を → **カラーシートなどを使うことで、文字情報を捉えやすくする**

「カラーシートなどを使うことで、文字情報を捉えやすくする」

・視覚の刺激を軽減することで、文字を捉えやすくする

・光の刺激を軽減することで、ストレスを緩和する

こんな支援を

 ためしてみよう カラーチャート

「ためしてみよう　カラーチャート」
https://bit.ly/37gBQdN

どの色のシートを使うといいかを簡易に比較できる

「色の入っためがね」

「カバーグラス」
めがねの横から入る光の刺激も軽減できる

「魔法の定規」
https://www.crossbow-japan.com/
これを置くことで、不必要な光の反射を防ぎ、光の刺激を軽減

アナログ教材をデジタル化してもっと手軽に使ってみよう!

　「はじめのいっぽ!」の初版が出た2008年と現在で、大きく変化しているものの1つに、ICTの活用があげられるのではないかと感じています。特別な対象児のための特別な機器は、もちろん当時からありましたが、それらはとても高価だったり大きかったりして、「日常的にどこでも誰でも使える」ものではありませんでした。それが今や、家庭でも学校でも、高性能の端末を日常的に使えるようになってきています。

　12年前の初版時に「ラミネーターを使って作ってみましょう」と提案した教材の中には、デジタル化することで作成や管理の負担が減り、日常的に使いやすくなったり、操作の苦手な子でも扱いやすくなったりするものがたくさんあります。そこで、ここでは、「はじめのいっぽのアナログ教材をデジタル化して使う」方法をご紹介したいと思います。

※ここでは、端末はiPad、ノートアプリはMetaMojiNoteを使っています。

● 書き込みシートをデジタルノートで使おう

1 「はじめのいっぽ!」のCDからデータを開き、PDFに変換して保存する

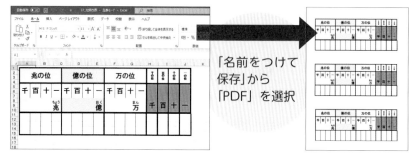

「名前をつけて保存」から「PDF」を選択

2 MetaMojiNoteをインストールした端末にPDFデータを送り、「新しいノート」として開く

3 必要に応じて拡大して書き込んで使う

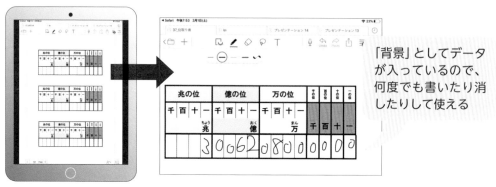

「背景」としてデータが入っているので、何度でも書いたり消したりして使える

選択課題をデジタル化して使う

1 「はじめのいっぽ！」のCDからデータを開き、選択肢の漢字の上に四角を挿入する

左側の選択肢の
データ部分を、
白い四角で隠す

2 「名前をつけて保存」から「PDF」を選択して保存する

3 MetaMojiNoteをインストールした端末にPDFデータを送り、「新しいノート」として開く

4 テキストモードで、漢字の選択肢を1つ1つボックスとして作っていく

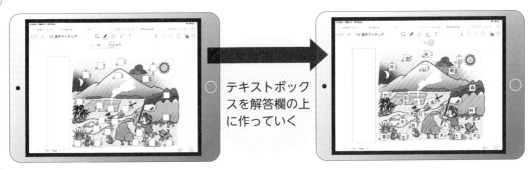

テキストボック
スを解答欄の上
に作っていく

5 作ったテキストボックスを左の白い四角の上に並べる

6 選択ツールを選択し、ボックスを移動させて解答する

・漢字パーツを移動し
てそれをお手本にし
て解答欄に書き込む
こともできる
・拡大して作業できる
ので、細かい作業が
苦手な子でも書きや
すい

※最初にデータをコピーして同じものが2ページある状態で、1枚目だけ1のようにマスクした状態でPDFに変換すると、1ページ目は漢字のボックスを動かす課題ページに、2ページ目は解答ページにすることもできます。

「はじめのいっぽ！」を新たなスタートに！

　私たち二人は、平成16年度に行われた、国立特別支援教育総合研究所での研修、「LD・ADHD・高機能自閉症等指導者養成講座」の受講者として出会いました。この研修中に行われた事例協議においても、本書の監修をしてくださった小林倫代先生が担当するグループ（小林組）のメンバーとして共に研修を深めました。

　本書「はじめのいっぽ！」は、この小林組での話し合いからスタートしています。研修期間中に、通常の学級に在籍し特別な支援を必要としている子どもたちに対して、担任が「困難の背景」という視点を持って支援ができるための手立てとなるものを作りたいというグループの思いを「困難の背景を踏まえた簡易シート『はじめの一歩』」の形にしました。

　研修終了後はそれぞれの学校に戻り、この簡易シート「はじめの一歩」を使って実践を始めました。ところが、研修中に頭の中だけで考えて作ったものと学校現場での実際の使い勝手にはかなりのギャップを感じました。そこで、このギャップを埋めるために、島根県と福岡県という遠距離での共同研究が始まりました。

　本書「はじめのいっぽ！」の形になるまでには、長い時間をかけ数多くの修正を加えてきました。自分たちで使ってはうまくいかなかったところを改善し、他の先生方に使ってもらっては伝わりにくいところの付加を行い、授業中の子どもの姿から教えられたことは教具例に生かしてきました。特に丹念に作業を行ってきたのは、支援方法がわかるだけでなく日常の具体的な指導場面や授業場面ですぐに活用できる教材のデータを盛り込むことでした。

　今回は紙面の関係で全ての教材データを掲載できなかったことが残念ですが、本書を活用することでみなさんの目の前にいる子どもたちへの支援に少しでもお役に立てたら幸いです。また、活用された内容についての感想をお待ちしています。今後の実践の励みとしたり、次の教具作りに生かしたりしていきたいと思います。

　本書をまとめ終えてほっとしていますが、まだまだ私たち自身も日々子どもたちへの支援について模索し、身近な同僚や専門機関に相談するなどして実践を重ねているところです。私たちもこの「はじめのいっぽ！」を新たなスタートにしてさらに研究を深めていきたいと思っています。

　最後に、本書の監修をしてくださいました国立特別支援教育総合研究所の小林倫代先生には、私たちの実践と研究を進めていく上で、長期間にわたり継続した御指導を賜りました。また、本書をまとめる機会を与えてくださいました学習研究社の杉田さん、澄田さん、遠藤さんには、私たちの思いを大切にしながら、構成の検討や内容の吟味を丁寧に助言してくださり、出版にご尽力いただきました。開発した私たち以上に、「はじめのいっぽ！」を理解し応援してくださったみなさまのおかげで、こうして1冊の本として形にすることができました。心より感謝申し上げます。

2008年3月　　井上賞子　杉本陽子

改訂を終えて

毎年たくさんの子どもたちに出会い、「一緒に悩みながら、試みて」を繰り返していたら、あっという間に時間がたっていました(;^_^A。13年、早いですね。

「できるくせにやらない」と言われていた子たちは、支援をスタートされない中でもがいていました。「できないから仕方ない」と言われていた子たちは、その子の力を信じてもらえない中で自信を失っていました。支援者がどう見るかで、対応が変わってしまう現実に、自分たちの責任の重さを痛感する日々です。

一方で、「支える側」の私たちもまた、「支え」を必要としています。目の前の子どもたちが大切な存在であるからこそ、手立てが見えないときは苦しいですよね。私も、出口の見えない中で追い詰められていた時期があります。救ってくれたのは、杉本先生の実践でした。子どもたちが「これならできる」「楽しい」と夢中で取り組む姿に支えられたことを、今も忘れることができません。その子に合った手立ては、子どもと私たちをつなぎ支えてくれると実感しています。

きっとこれからも皆さんと一緒に「あったらいいな」を探し続けてい日々が続くことでしょう。どうぞ今後ともよろしくお願いいたします！

2021年7月　井上賞子

私は今も変わらず、子どもたちの「困った」に出会うたびに、新しい教材を作り続けています。それは、日々の指導の中で子どもの「困った」を目にしたとき、この子には、どうしたら覚えやすいかな？ こんな時はどんなものを使うとうまくできるかな？ 何があるとこの子の腑に落ちるのだろう？ などを考えるうちにアイデアが湧いてくるからです。もちろん、本当に子どもに役立つ教材ができるまでには、改善を何度も繰り返しようやくできるものもあれば、チャレンジはしていてもいまだ完成とは言えない物もたくさんあります。以前、これで良し！と思って使ってきた教材でさえ、時には作り変えをすることもあります。多分それは、使う子どもが違うのだから「この教材はこれで完成！」とはならないのかもしれません。これはきっと「あったらいいな」を探し続けている井上先生も同じ想いだと思います。

『はじめのいっぽ！』の出版をきっかけに、研修会でいろんなところに呼ばれるようになりました。その中でたくさんの先生方に出会えました。研修会に参加される先生方はとても熱心で、子どもへの応援についていろんな話ができました。この12年の間に一緒に学ぶ仲間が増えたことは私にとって何よりの宝物です。このようなたくさんの出会いを通していつも思うことは、子どもの成長を願って日々奮闘している先生方が多いことです。「困っている」はわかるけど、「どうしたら？」が思いつかないと言われる先生方も多くいらっしゃいました。この本がそんな先生方の力強い応援団となることを心より願っています。

2021年7月　杉本陽子

今回『改訂版・はじめのいっぽ！』が刊行できることに胸を躍らせています。この機会を与えてくださった学研教育みらいの編集部の皆さん、ご指導いただいた小林倫代先生に感謝の気持ちでいっぱいです。ありがとうございました。

井上賞子（いのうえ・しょうこ）
島根県公立学校教諭。小学校の学級担任、通級指導教室担当を経て、平成19年度から特別支援学級を担任。特別支援教育士。

杉本陽子（すぎもと・ようこ）
福岡県公立学校教諭。小学校の学級担任、特別支援学級担任を経て、平成19年度からLD・ADHD通級指導教室担当。特別支援教育士。

小林倫代（こばやし・みちよ）
教育学博士、臨床発達心理士、学校心理士。独立行政法人国立特別支援教育総合研究所名誉所員。広島大学大学院教育学研究科附属特別支援教育実践センター客員研究員。「教員と教員になりたい人のための特別支援教育のテキスト〜気付き、工夫して、つなげる〜」編・著。

教育ジャーナル選書

改訂版 特別支援教育 はじめのいっぽ!

2022年1月14日　改訂版・第2刷発行

著　者／井上賞子・杉本陽子
監　修／小林倫代
発行人／甲原　洋
編集人／木村友一
企画編集／石井清人
発行所／株式会社 学研教育みらい　〒141-8416 東京都品川区西五反田2-11-8
発売元／株式会社 学研プラス　〒141-8415 東京都品川区西五反田2-11-8
印刷・製本所／図書印刷株式会社

協力者一覧
イラスト………………森永みぐ
図版…………………塚越　勉
CD-ROM原案制作……田中徹哉　（有）シンプル
装丁・デザイン………宮塚真由美
編集協力………………遠藤理恵・丸山優子・河村啓介

この本に関する各種お問い合わせ先
●本の内容については、右記サイトのお問い合わせフォームよりお願いします。　http://gakken-kyoikumirai.co.jp/contact/
●在庫については　TEL 03-6431-1250（販売部直通）
●不良品（落丁、乱丁）については　TEL 0570-000-577　学研業務センター　〒354-0045 埼玉県入間郡三芳町上富279-1
●上記以外のお問い合わせは　TEL 0570-056-710（学研グループ総合案内）

学研の書籍・雑誌についての新刊情報・詳細情報は、下記をご覧ください。
学研出版サイト　http://hon.gakken.jp/

この本は、次のように環境に配慮して制作しました。
CTP方式、環境に配慮した紙

【館外貸出不可】
※本書に付属のCD-ROMは、図書館およびそれに準ずる施設において、館外へ貸し出すことはできません。